... D'UN MÉRIDIEN 0GRADE INTERNA...
...S PROJECTIONS STÉRÉOGRAPHIQUES ET GNOMONIQUES,

ÉTUDIÉ EN VUE DE

L'UNIFICATION DES TRAVAUX GÉOGRAPHIQUES ET GÉOLOGIQUES

ET DU

...ELOPPEMENT COMPLET DE LA SYSTÉMATISATION DÉCIMALE DES MESUR...

dont l'exposé comprend par suite,
à l'égard de la première unification, des observations sur les sujets connexes

DE LA RÉGULARISATION INTERNATIONALE DE LA MESURE DU TEMPS
ET DE LA TRANSCRIPTION UNIFORME DES NOMS GÉOGRAPHIQUES,

SUIVI DE TABLEAUX NUMÉRIQUES ET D'EXPLICATIONS
POUR LA CONSTRUCTION ET L'USAGE DES PROJECTIONS GNOMONIQU...

Accompagné de Planches,
et précédé de Notices historiques
sur le Système métrique décimal et le Méridien initial,

PAR

M. A.-E. BÉGUYER DE CHANCOURTOIS,

Inspecteur général au Corps national des Mines,
Professeur de Géologie à l'École nationale supérieure des Mines,
Commandeur de la Légion d'honneur, Officier de l'Instruction publique,
Grand officier ou Commandeur des Ordres : des Saints Maurice et Lazare (Italie),
du Danebrog (Danemark), de l'Étoile polaire (Suède), de Sainte-Anne (Russie), du Medjidieh (Turquie),
de François-Joseph (Autriche-Hongrie), de la Couronne (Prusse), de Léopold (Belgique),
de N. D. de Villaviçosa (Portugal), de la Rose (Brésil), etc.

PARIS,
GAUTHIER-VILLARS, IMPRIMEUR-LIBRAIRE
DU BUREAU DES LONGITUDES, DE L'ÉCOLE POLYTECHNIQUE,
SUCCESSEUR DE MALLET-BACHELIER,
Quai des Augustins, 55.

1884

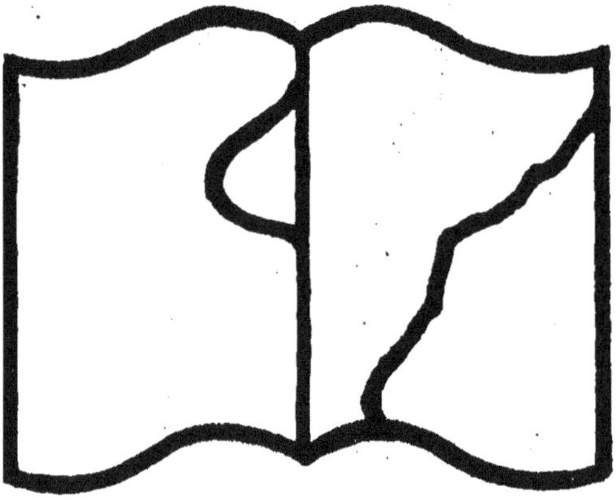

Ο ΘΕΟΣ ΓΕΩΜΕΤΡΕ

ERRATA.

Page	XXII	ligne 24	*au lieu de*	terminer	*lisez*	déterminer
»	XXIX	» 9	»	a	»	avait
»	»	» 36	»	n'ait	»	ait
»	XXXIII	» 10	*après*	1862	*ajoutez*	lors de la troisième Exposition universelle faite à Londres,
»	XXXV	» 2	»	de la commission	»	de l'Exposition universelle.
»	XLII	» 10	*au lieu de*	pour	*lisez*	par

PROGRAMME RAISONNÉ

D'UN

SYSTÈME DE GÉOGRAPHIE.

ΑΕΙ Ο ΘΕΟΣ ΓΕΩΜΕΤΡΕΙ

PROGRAMME RAISONNÉ

D'UN

SYSTÈME DE GÉOGRAPHIE

FONDÉ SUR L'USAGE

DES MESURES DÉCIMALES, D'UN MÉRIDIEN 0 GRADE INTERNATIONAL
ET DES PROJECTIONS STÉRÉOGRAPHIQUES ET GNOMONIQUES,

ÉTUDIÉ EN VUE DE

L'UNIFICATION DES TRAVAUX GÉOGRAPHIQUES ET GÉOLOGIQUES

ET DU

DÉVELOPPEMENT COMPLET DE LA SYSTÉMATISATION DÉCIMALE DES MESURES

dont l'exposé comprend par suite,
à l'égard de la première unification, des observations sur les sujets connexes

DE LA RÉGULARISATION INTERNATIONALE DE LA MESURE DU TEMPS
ET DE LA TRANSCRIPTION UNIFORME DES NOMS GÉOGRAPHIQUES,

SUIVI DE TABLEAUX NUMÉRIQUES ET D'EXPLICATIONS
POUR LA CONSTRUCTION ET L'USAGE DES PROJECTIONS GNOMONIQUES,

Accompagné de Planches,
et précédé de Notices historiques
sur le Système métrique décimal et le Méridien initial;

PAR

M. A.-E. BÉGUYER DE CHANCOURTOIS,

Inspecteur général au Corps national des Mines,
Professeur de Géologie à l'École nationale supérieure des Mines,
Commandeur de la Légion d'honneur, Officier de l'Instruction publique,
Grand officier ou Commandeur des Ordres : des Saints Maurice et Lazare (Italie),
du Danebrog (Danemark), de l'Étoile polaire (Suède), de Sainte-Anne (Russie), du Medjidieh (Turquie),
de François-Joseph (Autriche-Hongrie), de la Couronne (Prusse), de Léopold (Belgique),
de N. D. de Villaviçosa (Portugal), de la Rose (Brésil), etc.

PARIS,
GAUTHIER-VILLARS, IMPRIMEUR-LIBRAIRE
DU BUREAU DES LONGITUDES, DE L'ÉCOLE POLYTECHNIQUE,
SUCCESSEUR DE MALLET-BACHELIER,
Quai des Augustins, 55.

1884

SOMMAIRE DÉTAILLÉ (¹).

(¹) Le détail du Sommaire pour le Supplément aux Notices historiques, la deuxième partie du Programme raisonné et l'Appendice sera donné lors de leur publication.

PREMIÈRE PARTIE DU PROGRAMME RAISONNÉ.

Pages.

SUPPLÉMENT AUX NOTICES HISTORIQUES.

DEUXIÈME PARTIE DU PROGRAMME RAISONNÉ.

APPENDICE.

AVERTISSEMENT DE L'AUTEUR.

La Géographie est la base de la Stratigraphie, partie essentielle et conclusive de la Géologie, dont la Géographie physique offre d'ailleurs le point de départ. Il est donc naturel qu'un géologue se préoccupe du développement régulier des travaux géographiques. Cependant beaucoup de personnes peuvent s'en étonner, car les brillants résultats des études de minéralogie et de paléontologie, qui, au point de vue géologique, ne sont que les préliminaires des études stratigraphiques, arrivent de temps à autre, alternativement, à éclipser l'objet final au point de le faire oublier, de manière que, dans l'opinion vulgaire, on prend souvent l'une ou l'autre des deux parties contributives pour le tout.

Il peut donc n'être pas inutile d'indiquer les raisons et les circonstances particulières qui m'ont amené à m'imposer le pensum d'une tâche aussi ingrate que celle de combiner un Système complet de géographie comme celui dont je publie aujourd'hui définitivement le programme.

Associé par Élie de Beaumont à son enseignement de la Géologie à l'École des Mines en 1852, au moment où il venait de terminer avec Dufrénoy, Directeur de l'École, la première Carte géologique de la France, je m'étais donné dès lors comme but dominant de ma carrière dans le Corps des Mines l'organisation des moyens nécessaires pour l'achèvement et l'unification du relevé géologique détaillé à échelle topographique, dont l'exécution, laissée alors à l'initiative et aux soins des administrations départementales, avançait lentement, inégalement et dans des conditions disparates.

J'avais été ensuite bientôt amené du point de vue national au point de vue universel, en participant, comme adjoint au commissaire général, à l'Exposition universelle de 1855 où l'on avait commencé à agiter librement les questions réclamant des ententes internationales.

A la création du Ministère de l'Algérie et des Colonies, en 1857, chargé par le Prince Napoléon de la direction du cabinet comprenant les services scientifiques, j'avais entrevu la possibilité de faire développer sur la plus grande échelle la poursuite des idées d'unification en profitant des ressources qu'allait offrir la centralisation des rapports les plus directs de la France avec les différentes parties du globe. J'avais même alors ébauché un projet d'Atlas universel continu avec tableaux pour la comparaison des divers modes locaux d'évaluation du temps; mais la prompte suppression du Ministère avait bien vite interrompu mon travail, dont il reste seulement une trace dans l'Annuaire publié.

Mes aspirations furent ravivées par l'approche de l'Exposition universelle de 1867, pour l'entreprise de laquelle Le Play voulut bien réclamer mon concours et où, au prix d'une participation des plus actives comme Secrétaire de la Commission impériale d'organisation et du Conseil supérieur du Jury international, j'obtins la production, à titre d'essai, d'un grand fragment de Carte géologique détaillée dont le succès fit atteindre mon but initial, l'institution définitive du relevé géologique uniformément détaillé de notre territoire.

Les appels à ma bonne volonté, pour des œuvres d'intérêt général, avaient été aussi complètement spontanés que celui qui m'avait ouvert la voie des études d'unification géologique, et tous émanaient d'autorités de caractères fort différents. Je puis donc, sans manquer d'ailleurs de reconnaissance envers les maîtres ou chefs supérieurs auprès desquels j'ai beaucoup appris, et en me plaçant au point de vue de l'influence que leurs marques de confiance ont exercée sur le développement de mes idées de systématisation, considérer, aujourd'hui, cette influence comme un effet de ce qu'on appelle vulgairement la force des choses et penser, par suite, que je n'ai pas seulement cédé à mes propres inclinations, mais bien aussi obéi à l'impulsion d'un courant général en poursuivant, dans le cours de l'Exposition de 1867, par l'organisation d'une exhibition et de conférences spéciales, l'agitation pour l'Unification internationale des poids, des mesures et des monnaies.

Dans cette dernière occupation, je n'avais pu que m'attacher plus fortement au principe de la systématisation décimale. Aussi, tout en travaillant, comme Sous-Directeur, auprès de mon illustre maître, à fonder (de 1868 à 1874) l'œuvre de la Carte géologique détaillée de la France exécutée sur la Carte topographique dite « de l'État-major », dont le canevas géodésique est, on le sait, décimal, j'avais commencé la préparation d'un projet pour l'Unification des travaux géographiques, base nécessaire de l'Unification des travaux géologiques, par la réforme de la division vulgaire du cercle, et j'ai même voulu faire prévoir la production de ce projet en indiquant, à la fin de l'Explication de la Légende géologique générale de la Carte (1re livraison, cahier de Généralités D, reproduit dans les Annales des Mines de 1874), que les motions d'ordre international concernant de telles réformes me paraissaient commandées par les traditions méthodiques du pays où a pris naissance le Système métrique décimal.

La réalisation de mon projet m'était d'ailleurs montrée chaque jour plus désirable par mes études particulières.

Les admirables aperçus de Descartes sur le mode de formation du globe sont maintenant pleinement confirmés et éclaircis.

On admet que les filons métallifères sont des fentes de l'écorce terrestre remplies par les émanations du noyau intérieur et que les dykes sont des fentes remplies de roches éruptives. On admet aussi que le jeu de l'écorce a produit les dislocations, les soulèvements, les effondrements qui ont amené, en même temps que l'accidentation du relief, les dérangements des couches sédimentaires, leurs plissements et les dénivellations de part et d'autre d'une même fente, dite alors faille; tous accidents qui ne sont que trop fréquemment rencontrés dans l'exploitation des couches de charbon ou d'autres matières spécialement utiles dont ils détruisent à chaque instant la régularité et la continuité. Enfin on commence à comprendre que, si l'on peut arriver à prévoir les crises des mouvements actuels, dont les tremblements de terre ne sont sans doute pas les seules terribles conséquences, c'est en se rendant compte des rapports de ces crises avec le plexus des dislocations préexistantes.

Si donc les fractures de l'écorce terrestre sont nécessairement prises en considération dans les conceptions géogéniques, leur étude n'est pas moins importante à l'égard de bien des intérêts, et c'est au double point de vue de la pratique et de la théorie que j'ai été amené à m'en occuper particulièrement.

Mais une telle étude, dont le point de départ est évidemment celle des alignements qui marquent les affleurements des fentes (failles, filons ou simples fissures) et doivent fournir les éléments principaux des configurations géographiques, ne peut atteindre son maximum d'utilité que si l'on arrive à coordonner tous les faits du même genre.

Or, dès que l'on veut étendre l'examen des rapports des configurations et des alignements, on se heurte aux difficultés qui résultent des changements que l'on rencontre dans le système des cartes, dans la manière de compter les longitudes, etc., en un mot de toutes les particularités que chaque peuple semble prendre à tâche d'introduire dans la représentation géographique de son territoire ; on sent donc la nécessité d'unifier tous les figurés et d'arriver à produire des cartes sur les quelles on puisse opérer continûment.

C'est en cherchant les moyens de remédier à la disparité des documents que j'ai été conduit de proche en proche à étudier la question des cartes jusque dans ses fondements et à édifier ensuite comme résultat de mes réflexions le Système de géographie objet du présent Mémoire.

Le premier exposé de ce Système a été présenté en 1874 à l'Académie des Sciences (Comptes rendus de la séance du 23 mars) et à la Société de Géographie de Paris (Bulletin de septembre), afin de profiter, pour le faire connaître, du Congrès des Sciences géographiques de 1875, dans l'exposition duquel ont figuré les premiers essais de réalisation.

Des essais plus développés ont, en même temps que des applications à l'étude des alignements, figuré (classe 16, n° 12, et classe 8, Ministère des Travaux publics) à l'Exposition universelle de 1878, pendant laquelle j'ai fait de mon programme le thème d'une Conférence sur l'Unification des travaux géographiques (Compte rendu sténographique des Congrès et Conférences du Palais du Trocadéro. Imprimerie Nationale, 1879).

Encouragé par l'attribution de médaille d'or, dont le Jury international de cette Exposition a récompensé mes efforts, j'ai dû ne pas les interrompre et j'ai entrepris, sous le titre de « Programme raisonné », la rédaction d'une nouvelle explication de mes idées plus complète que les précédentes, en vue du troisième Congrès des Sciences géographiques convoqué en 1881 à Venise, où un premier fascicule a été distribué (en épreuves non corrigées) à l'appui de quelques spécimens de réalisation exposés. Mais les questions d'unification n'ayant malheureusement pas été classées dans le questionnaire du Congrès, comme cela avait eu lieu dans les Congrès précédents, n'ont pu y être abordées qu'incidemment aux séances du premier groupe. (L'incident eut toutefois pour résultat de faire prier le gouvernement Italien d'appeler sur elles l'attention des autres gouvernements.)

Au moment où la circulaire du Gouvernement des États-Unis, relative à l'unification de la graduation des longitudes et de la mesure du temps, semble devoir enfin déterminer la discussion de ces deux questions connexes dans une Conférence internationale officielle, j'ai pensé que je rendrais peut-être quelque service en publiant définitivement la première partie de mon étude qui les concerne, mise au courant des faits nouveaux et accompagnée de cartes dressées pour faciliter l'appréciation des mérites des méridiens proposés.

J'ai tenu surtout à ne pas négliger une occasion aussi favorable de rappeler les avantages qu'aurait, pour les opérations qui reposent sur la graduation des longitudes et pour les usages scientifiques et techniques en général, l'adoption de mesures décimales concordantes de l'espace angulaire et du temps, et de provoquer des délibérations à ce sujet.

Estimant que, pour donner à un projet de réforme quelque chance d'être pris en considération, on doit, non seulement approfondir son étude autant qu'on le peut, mais le formuler dans les termes les plus nets, je n'ai pas dû craindre d'aborder, au risque d'y faire quelques pas de clerc, des sujets très délicats, qui ne sont pas de ma compétence spéciale, et j'ai dû même hasarder quelques néologismes pour appuyer mon argumentation et en préciser les conclusions, notamment à l'égard de la mesure du Temps. J'étais d'ailleurs fondé à me préoccuper de cette mesure, puisque la coordination des phé-

nomènes sismiques exige, avant tout, sa fixation, non seulement quant à la détermination de l'heure du jour, mais aussi quant à la régularisation de l'usage des calendriers dont, par parenthèse, l'examen m'a fait toucher la question du numérotage en général.

J'ai, du reste, mis en note les explications et remarques qui n'étaient pas indispensables pour la suite des idées, et j'ai à peine besoin d'ajouter que mon intention, en précisant les détails, a été de fixer l'attention sur toutes les parties des questions à résoudre et de montrer que leurs difficultés étaient loin d'être insurmontables, bien plutôt que de faire des propositions fermes de solutions.

Des renvois aux documents originaux avec citation, ou résumé et discussion des opinions contraires à celles que j'ai adoptées, avaient été placés en note dans les épreuves distribuées en 1881 ou en 1883.

Mais il m'a paru que, le premier objet du présent Mémoire étant le développement complet du Système métrique décimal, il convenait de réunir dans une Notice historique préliminaire l'exposé des principales circonstances de l'institution de ce système, de sa propagation et de la poursuite de son achèvement.

Il m'a paru également convenable de réunir ensuite dans une deuxième Notice historique les renseignements concernant la question du choix du méridien initial et de son usage pour l'institution d'une mesure absolue du temps.

C'est naturellement dans ces Notices que j'ai pu, mieux que dans les Notes courantes, faire ressortir les travaux des savants de tous les temps, à prendre en considération. J'espère que l'on n'y remarquera ni trop d'omissions, ni trop d'erreurs.

Je dois à M. Faye, à M. d'Abbadie, à M. Bouquet de la Grye, à M. Janssen, à M. Lœwy, à l'amiral Mouchez, au colonel Perrier, à M. Tresca, à M. Broch, au colonel Goulier, au colonel Laussedat, à M. Maunoir, et à M. Amédée Tardieu, des renseignements dont je désire les remercier ici, sans vouloir, bien entendu, leur faire encourir la responsabilité de mes assertions et de mes opinions sur aucun des points à l'égard desquels je ne puis citer leurs publications. Cette réserve est nécessaire parce que, d'abord, j'ai pu ne pas bien comprendre le sens des indications que ces messieurs ont bien voulu me donner verbalement; elle l'est d'autant plus que, à beaucoup d'égards, j'ai des manières de voir fort indépendantes qui peuvent même dans plusieurs questions rester complètement opposées aux leurs.

Je n'ai pu mentionner dans les Notes tous les collaborateurs qui m'ont secondé à divers titres dans la production des résultats de mes études, mais je rappelle que j'ai eu soin d'indiquer leurs noms et la nature de leur concours à la fin de chacune des Notices concernant mes contributions aux envois collectifs par lesquels l'École des Mines a participé aux dernières Expositions internationales, et, finalement, de la manière la plus complète, dans la Notice intitulée « Questions de Géologie synthétique », qui fait partie du Recueil publié par le Ministère des Travaux publics pour l'Exposition spéciale de 1883, *à Madrid.*

En fait de collaboration, je ne saurais pourtant passer ici sous silence le concours aussi obligeant qu'efficace qui m'a été donné par M. Gauthier-Villars et par le chef du service typographique de son établissement, M. Montreuil.

Quoique la deuxième partie du Mémoire soit déjà imprimée, sa publication subira sans doute un certain délai, parce que le Chapitre VI, qui a principalement pour objet l'usage des projections gnomoniques (compris dans mon programme comme complément désirable pour l'unification des travaux géographiques, mais dont les questions agitées aujourd'hui ne dépendent aucunement), ne peut avoir d'effet utile qu'accompagné des tableaux de données numériques nécessaires pour la construction courante des canevas. Les calculs de ces données sont terminés pour les canevas des cartes générales du globe et l'on avait déjà pu annexer au fascicule distribué en 1881 *les épreuves (non corrigées) des tableaux qui présentent de grade en grade les résultats relatifs à la carte dite Octoplanisphère, dont un spécimen correspondant au globe réduit au* 100000000^e *(mais établi avec le système de graduation vulgaire pour faciliter son emploi immédiat dans l'étude des alignements géologiques) a déjà été publié en* 1876 *et en* 1880. *Les calculs relatifs aux vingt canevas des trapèzes de détail, dont les données doivent être fournies de décigrade en décigrade, sont seulement commencés.*

J'ai pris des mesures propres à hâter l'achèvement de l'outillage cartographique qui, en dehors de ses avantages généraux, me paraît indispensable pour le progrès de l'étude des alignements, mais, rien qu'avec ce qui est déjà créé, j'espère prouver prochainement l'utilité de mon entreprise.

Cette deuxième Partie sera accompagnée d'une planche (déjà jointe au compte rendu de ma Conférence susmentionnée), où sont représentés, par réduction héliographique au dixième, la plupart des objets : Globes, Instruments, Modèles, Cartes, Planches et Tableaux qui ont figuré à l'appui de mon Programme à l'Exposition universelle de 1878, et qui sont conservés, avec l'ensemble des documents y relatifs, à l'École des Mines.

La transcription des noms géographiques, dont j'esquisse une méthode pour clore mon étude, est un sujet plus scabreux encore que celui des conditions géométriques et chronologiques, car il ne s'y agit de rien moins que de représenter uniformément et invariablement toutes les valeurs phonétiques avec les lettres de l'alphabet latin; mais, loin de s'effrayer de la portée du problème, on doit reconnaître qu'il n'est déterminé qu'au point de vue d'ensemble et on ne peut d'ailleurs douter que la télégraphie n'ait bientôt raison de ses difficultés.

Je reproduirai à son égard, avec très peu de changements, l'exposé, fait au Congrès des Sciences géographiques de 1875, à Paris, et publié dans le Compte rendu de ce Congrès, d'une solution très simple dont j'avais trouvé le principe, il y a longtemps, en cherchant le moyen de noter méthodiquement les figures sphérodésiques du Réseau pentagonal, et dont j'ai ensuite essayé de tirer les conséquences linguistiques à l'aide des souvenirs de mes voyages qui, bien que poussés seulement, vers le Sud, jusqu'au Kurdistan et à la Mésopotamie, vers le Nord jusqu'à l'Islande et au Groënland, m'ont permis cependant d'entendre parler un assez grand nombre de langues de caractères fort divers et d'acquérir une certaine connaissance des sons articulés représentés par les lettres des principaux alphabets.

Je souhaite que les conséquences de la circulaire du Gouvernement des États-Unis ne viennent pas justifier les craintes que j'exprimais dans la dernière note du même exposé, en faisant allusion à la confusion Babélienne de la tradition Biblique.

Octobre-Décembre 1883, Paris, 10, rue de l'Université.

A. E.-B. D. C.

P.-S. — Août 1884. Les Notices historiques ont été mises au courant des faits nouveaux provoqués par l'éventualité de la Conférence internationale qui doit se réunir à Washington, le 1er octobre, et dont il sera rendu compte dans le supplément à ces Notices, à placer en tête de la deuxième partie.

Dans le titre d'une publication concernant les bases essentielles de la description du globe entier, j'ai cru ne pas devoir me dispenser de joindre à l'indication des qualifications fonctionnelles et honorifiques de mon pays, que je puis invoquer, suivant l'usage, en vue d'accréditer les résultats de mon étude, la mention des distinctions dont beaucoup de Gouvernements ont bien voulu m'honorer à l'Exposition universelle de 1867.

NOTICES HISTORIQUES.

A. — Institution, propagation et développement du Système métrique décimal

a. On s'est proposé, dans la présente Notice, de relater sommairement, suivant l'ordre des dates et d'après les documents les plus authentiques, tous les travaux personnels ou collectifs et tous les actes officiels qui ont préparé et réalisé l'institution du Système métrique décimal et qui ont eu, ou ont encore pour effet ou pour but, sa propagation et son développement. On a cherché aussi à caractériser par quelques citations l'esprit ou la portée de ces travaux et de ces actes et à mentionner d'ailleurs fidèlement toutes les participations non seulement des hommes de Science, mais aussi des hommes d'État qui ont eu à intervenir pour l'organisation des études et la légalisation de leurs conclusions.

Les premiers éléments de cet historique proviennent du Discours préliminaire et des dernières parties conclusives de l'Exposé de Delambre intitulé « *Base du Système métrique décimal ou mesure de l'arc du méridien compris entre les parallèles de Dunkerque et de Barcelone, exécutée en 1792 et années suivantes*, par MM. Méchain et Delambre », publiée dans les *Mémoires de l'Institut*, t. XX, 1806; t. XXI, 1807; t. XXII, 1810.

Pour l'indication des faits récents on a surtout profité des enseignements du *Traité d'Astronomie* de M. Faye (Livre IV, *Géodésie*, 1881).

On indiquera finalement les raisons qui peuvent faire espérer, dans un avenir assez prochain, la vulgarisation générale du Système métrique décimal complet.

b. L'idée de rattacher, à la fois, la détermination élémentaire des unités de mesure à des faits naturels et leur gradation au principe de la numération décimale, est loin d'être nouvelle; on en trouve des traces après la Renaissance, au XVIe siècle et même dans l'antiquité; mais dans les motions rudimentaires on subordonnait d'abord son application aux divisions usitées du cercle et du jour.

Pour ne citer que celles de ces motions qui ont certainement amorcé la réalisation de l'idée, on peut rappeler d'abord celle de Mouton, qui, à l'époque où Picard faisait la première mesure véritablement géodésique de l'arc du méridien entre Malvoisine et Amiens, proposait (*Observationes diametrorum Solis et Lunæ apparentium*, Lyon, 1670) de prendre comme unité de longueur la minute du degré qu'il appelait « mille », avec des divisions et des subdivisions décimales parmi lesquelles le millième, appelé « verge », aurait servi d'unité courante de l'ordre de la toise ou de la brasse; ensuite celle de Huygens, qui (dans l'*Horologium oscillatorium*, Paris, 1673) proposait de prendre comme étalon pour la comparaison des valeurs des différentes mesures linéaires la longueur du pendule dont la durée d'oscillation serait exactement une seconde du temps solaire moyen, longueur dont le tiers aurait été appelé « pied horaire ».

Jacques Cassini se dégagea le premier de la subordination, en proposant (dans le livre *De la grandeur et de la figure de la Terre*, Paris, 1720) un « pied géométrique » moitié d'une brasse, qui eût été la dix-millionème partie du demi-diamètre de la Terre, ou une toise de six de ces pieds; de manière que la longueur de la minute eût été de mille toises.

c. Mais c'est seulement en 1790 que l'idée du Système métrique à base naturelle précise prit corps, par une délibération de l'Assemblée nationale constituante.

Les inconvénients de l'extrême diversité des mesures avaient donné lieu à des projets de réforme unificatrice dont le vœu, déjà consigné dans les cahiers des États généraux de 1576, avait été reproduit dans quelques cahiers des bailliages, en 1789.

Sur la proposition faite, à la séance du 9 mars 1790, par le dépôt d'un Mémoire du Ministre des relations extérieures, Talleyrand (qui rappelle que l'uniformité des mesures avait été obtenue par les Romains et poursuivie par Charlemagne; que l'idée en avait été reprise sous Philippe le Long et Louis XI, puis sous Louis XIV par Colbert et sous Louis XV par Orry, enfin que Turgot allait y attacher son nom lorsqu'il quitta le Ministère), l'étude de la question fut confiée à une Commission spéciale qui reçut plusieurs Mémoires (voir *Annales parlementaires*) et sur le rapport du président de cette Commission, le Mis de Bonnay, appuyé d'observations de Bureau de Puzy, l'Assemblée rendit, le 8 août 1790, un décret, sanctionné par Louis XVI le 22, tendant à obtenir, par l'entente du Gouvernement Français et du Gouvernement Anglais, la formation d'une Commission, composée en nombre égal de membres de l'Académie des Sciences de Paris et de la Société Royale de Londres, pour terminer la longueur du pendule battant la seconde au niveau de la mer, à la latitude de 45°, ou sur un autre parallèle et en déduire un module invariable pour toutes les mesures.

Il n'était question encore, on le voit, que de donner suite à la proposition de Huygens.

Une Commission de membres de l'Académie des Sciences, composée de Borda, Lagrange, Laplace, Monge et Condorcet, fut chargée, par suite de ce décret, d'étudier la question, et Borda, Lagrange et Monge présentèrent à l'Académie un Rapport qui fut approuvé par elle et soumis, le 19 mars 1791, à l'Assemblée avec un exposé des travaux de l'Académie sur le principe d'uniformité des poids et mesures.

Déjà, dans un Rapport présenté le 27 octobre 1790, au sujet des titres des monnaies, l'Académie, invitée à joindre à son avis sur cette question l'indication de l'échelle de division qu'elle jugeait le plus convenable, tant pour les poids que pour les autres mesures, avait établi que, *vu l'impossibilité de faire adopter un système de numération duodécimale, l'échelle décimale devait servir de base à toutes les divisions.*

Dans le Rapport du 19 mars 1791 (inséré par anticipation ainsi que l'Exposé annexé et le Rapport du 27 octobre 1790, au Tome de l'*Histoire et des Mémoires de l'Académie* qui porte le millésime de 1788, mais n'a été publié que tardivement), il est démontré qu'au lieu de subordonner la solution à la division arbitraire du jour en 86400 secondes, on doit préférer choisir d'abord, pour les longueurs, une unité qui ne dépende pas de quantités d'un autre genre, telles que l'intensité de la pesanteur et la durée du jour et qu'il faut d'ailleurs abandonner la division du cercle en degrés, minutes et secondes, parce qu'elle ne répond pas au système de numération.

La conclusion est la proposition de prendre comme *unité fondamentale de longueur le* quart du méridien terrestre, *dont la dix-millionième partie serait la mesure usuelle* et de procéder, pour la détermination de la longueur précise de ces unités, à la mesure de l'arc du méridien, de plus de 9°, compris entre les parallèles de Dunkerque et de Barcelone, en même temps que l'on ferait sur les oscillations du pendule les observations dont le résultat permettrait de retrouver immédiatement la longueur de l'unité, si, par impossible, on venait à perdre les bases purement géométriques de sa détermination.

Cette conclusion est appuyée de remarques qui la justifient ou réfutent les objections à prévoir, disant en substance :

Il est inutile d'attendre le concours des autres nations pour des opérations dont les résultats, ne reposant sur rien d'arbitraire, pourront, s'ils sont obtenus avec la plus grande exactitude, être universellement acceptés. Il est naturel et il sera certainement avantageux de reprendre pour la mesure la plus précise l'arc du méridien, qui a déjà été l'objet des travaux de Picard (1669-1670), de Dominique Cassini, de Jacques Cassini et de La Hire (1680-1718), de François Cassini et de Lacaille (1749). D'ailleurs le choix de cet arc est pour ainsi dire imposé, du fait que, coupé par le parallèle de 45° en deux parties de longueurs peu différentes qui peuvent être rendues égales par le prolongement des opérations jusqu'aux Baléares, il remplit les meilleures conditions, tant pour l'évaluation du degré moyen que pour celle de la durée moyenne d'oscillation du pendule, avec cet autre avantage important d'avoir ses deux extrémités au niveau de la mer, conditions que l'on ne retrouverait sur un autre méridien qu'avec un arc beaucoup plus étendu. La circonstance que les déterminations seraient faites sur le territoire Français n'implique donc aucune prétention nationale de nature à empêcher les autres nations d'en profiter.

L'Assemblée constituante, approuvant le projet de l'Académie, adopta, par décret du 20 mars sanctionné le 26, *la grandeur du méridien terrestre comme base du nouveau Système de mesure.*

L'Académie des Sciences fut chargée de préparer le Système général à établir sur cette base.

Un compte rendu des travaux de l'Académie, rédigé par Borda, Lagrange et Monge (inséré par anticipation dans le Tome de l'*Histoire et des Mémoires de l'Académie* qui porte le millésime de 1789), fut présenté le 3 avril 1792 à l'Assemblée législative. Le projet fut approuvé et des Commissions académiques furent nommées pour l'exécution. Cassini, Méchain et Legendre furent chargés de la mesure trigonométrique de l'arc du méridien; Monge et Meunier, de la mesure des bases; Borda et Coulomb, des observations du pendule; Lavoisier et Haüy, de la détermination du poids d'un volume d'eau donné; Tillet, Brisson et Vandermonde, de la comparaison des diverses mesures; mais le *Moniteur* est muet à cet égard.

Une proclamation du Roi, en date du 10 juin 1792, enjoignit aux autorités constituées de protéger les travaux des commissaires. Delambre fait remarquer que ce fut un des derniers actes de la monarchie.

A la séance de l'Assemblée du 9 juin, avait été lu le Rapport d'un Comité du Sénat des États-Unis sur la question des Poids et Mesures. Ce Rapport proposait d'adopter en Amérique comme unité linéaire la cinquième partie de la longueur d'un pendule cylindrique battant la seconde; mais la discussion avait été ajournée.

d. L'inauguration du nouveau régime, 22 septembre 1792, ne fit qu'activer les travaux.

A la séance de la Convention du 25 novembre, une députation de l'Académie des Sciences venait rendre compte de leur avancement, et Lalande, organe de cette députation, exprimait l'espoir que les opérations et les expériences seraient terminées dans les premiers mois de 1793. Il rappelait le système de division décimale soumis à la Constituante, et faisait connaître qu'il était déjà employé dans les instruments; qu'une horloge astronomique décimale avait été construite pour les expériences du pendule; enfin que l'Académie s'occupait de traduire toutes les Tables d'Astronomie, de Navigation et de Géographie. C'est dans ce compte rendu qu'il est fait mention pour la première fois de Delambre, qui paraît avoir remplacé Cassini ou Legendre comme membre actif de la Commission de triangulation.

Le 29 mai 1793, fut adressé au Comité de l'Instruction publique un Rapport fait au nom de l'Académie des Sciences, par Borda, Lagrange et Monge.

Dans ce Rapport, il est exposé que sur les cercles astronomiques employés par Delambre et Méchain, pour la mesure de l'arc du méridien, le quart de cercle est divisé en 100°, le degré en 100′ et la minute en 100″, et que l'horloge astronomique destinée aux observations sur la longueur du pendule a été établie en divisant le jour entier, d'un minuit au minuit suivant en dix heures, l'heure en 100′ et la minute en 100″, d'où il résulte que la nouvelle seconde est environ les $\frac{6}{7}$ de l'ancienne et que le nouveau pendule à secondes a pour longueur à peu près les $\frac{3}{4}$ de celle de l'ancien. (Cette horloge n'a malheureusement pas été retrouvée par l'amiral Mouchez lorsqu'il a constitué à l'Observatoire la collection historique des instruments.) Il est ensuite indiqué que les mesures astronomiques, étant assujetties à la division décimale, les mesures nautiques doivent l'être également, que la boussole doit être divisée en parties correspondant aux divisions décimales du cercle, que la ligne et le sablier de loch doivent être réglés sur les nouvelles divisions du cercle et du jour astronomique. L'Académie indique aussi qu'il sera utile d'employer les mêmes divisions dans les instruments de physique.

Le Rapport expose ensuite que d'après le travail de Lacaille, publié dans les Mémoires de 1758, le 45ᵉ degré de latitude, c'est-à-dire le degré moyen contenant 57027 toises, le quart du méridien est de 5132430 toises, longueur dont les divisions successives de 10 en 10 donnent des unités ayant des rapports approximatifs simples avec les diverses mesures linéaires usitées. L'Académie propose enfin d'adopter comme unité principale la 10000000ᵉ partie du quart du méridien dont la longueur, soit $0^{T},513243$ ($3^{pi}0^{po}11^{li},44$), se trouve déjà déterminée d'après cette évaluation avec une exactitude suffisante pour les usages ordinaires, et elle présente un projet de Nomenclature basé sur la dénomination de *Mètre*, donnée à cette unité principale dont les multiples seraient le *décamètre*, l'*hectomètre*, le *kilomètre* et le *myriamètre*, et les sous-multiples le *décimètre*, le *centimètre* et le *millimètre*.

La Convention, sur le Rapport présenté le 31 juillet par Arbogast, député du Bas-Rhin, au nom du Comité de l'Instruction publique, établit par la loi du 1-2 août 1793 (an II de la République) le nouveau Système de mesures pour toute la France, le rendant obligatoire, au 1er juillet 1794. Elle chargea en même temps l'Académie des Sciences de surveiller la construction des étalons et de rédiger les instructions pour la mise en pratique du Système.

Après la suppression des Académies, prononcée par décret du 8 août 1793, la Convention, par décret du 11 septembre, sur le rapport présenté par Fourcroy, au nom du Comité de l'Instruction publique, conserva à titre de commissaires temporaires les membres des Commissions précédemment nommées.

Mais, par un arrêté du 3 nivôse, le Comité de Salut public, « considérant que les Missions ne doivent être données qu'à des hommes dignes de confiance par leurs vertus républicaines, etc. », exclut les membres Borda, Lavoisier, Laplace, Coulomb, Brisson et Delambre. Heureusement, Borda avait déjà établi les instruments et l'arrêté n'empêcha pas Delambre de continuer son travail.

Au surplus, on s'était décidé à ne pas attendre l'achèvement de la nouvelle mesure de l'arc du méridien pour appliquer le décret du 1er août.

Dans un second Rapport présenté au nom du Comité de l'Instruction publique le 1er brumaire an II (22 octobre 1793), Fourcroy fit connaître que l'on avait retrouvé dans les dépôts de l'Académie l'étalon original (dit toise du Pérou) qui avait servi aux opérations faites en 1737 sur l'équateur et auquel toutes les autres mesures faites en France et sous le cercle polaire avaient été rapportées. D'après ce Rapport, la distance du pôle à l'équateur était de 5132407 toises, ce qui ne modifiait pas sensiblement la longueur précédemment admise de 443 lignes 44 centièmes.

Un décret du même jour ordonna la fabrication d'étalons prototypes.

La loi du 24 novembre 1793 (4 frimaire an II) sur l'Ère, le commencement et l'organisation de l'année et sur les noms des jours et des mois, reproduisant les dispositions de la loi du 5 octobre 1793 (1er brumaire an II) qui rapportait déjà le décret faisant commencer la deuxième année au 1er janvier 1793, fixa le commencement de l'Ère des Français au minuit séparant le 21 du 22 septembre 1792 premier jour de la République.

Le Soleil arrivait alors à l'équinoxe vrai d'automne à 9h 18m 30s du matin de ce même jour en entrant dans le signe de la Balance.

L'instruction jointe à la loi contient les observations suivantes dans lesquelles un mélange, d'ailleurs tout naturel, de mysticisme et de réalisme caractérise d'une façon bien curieuse l'état des esprits à cette époque.

« Ainsi l'égalité des jours et des nuits était marquée dans le ciel au moment même où l'égalité civile et morale était proclamée par les représentants du peuple Français comme le fondement sacré de son nouveau Gouvernement; ainsi le Soleil éclairait à la fois les deux pôles et successivement le monde entier le même jour où, pour la première fois, a brillé dans toute sa pureté sur la nation Française le flambeau de la liberté qui doit un jour éclairer le genre humain. »

Considérant que la seconde année de la République a commencé, en conséquence, le 22 septembre 1793, la loi porte que tous les actes datés de l'an II, qui ont été passés du 1er janvier au 21 septembre inclusivement sont regardés comme appartenant à la première année.

I...

Ne serait-ce que pour faciliter ici la comparaison des deux styles, il paraît convenable de rappeler la nomenclature des mois, très poétiquement appropriée au climat de la France et des régions de l'hémisphère boréal de conditions géographiques analogues.

Vendémiaire.	Nivôse.	Germinal.	Messidor.
Brumaire.	Pluviôse.	Floréal.	Thermidor.
Frimaire.	Ventôse.	Prairial.	Fructidor.

Chacun de ces mois était composé de 30 jours divisés en décades de 10 jours nommés, moins heureusement, primidi, duodi, tridi, quartidi, quintidi, sextidi, septidi, octidi, nonidi, décadi, et on ajoutait à la fin de l'année 5 jours complémentaires, qui étaient portés à 6 dans les années bissextiles, dites alors simplement sextiles.

La loi établissait ensuite la division décimale du jour qui de minuit à minuit était divisé en 10 parties ou heures; chaque partie en 10 autres, et ainsi de suite jusqu'à la plus petite partie commensurable de la durée. La centième partie de l'heure était appelée *minute décimale*.

L'instruction jointe à la loi indiquait des dispositions à adopter pour les cadrans et les aiguilles.

Des fabrications d'horloges ou de montres décimales ont été certainement essayées pour les usages courants. (Le zèle paraît même avoir été poussé jusqu'à l'imprudence, car on raconte qu'un fabricant avait cru pouvoir aider à la propagation de la mesure décimale du temps en adaptant simplement des cadrans gradués décimalement à des mouvements établis par la mesure vulgaire en heures et minutes et que sa déconvenue n'a pas peu contribué à discréditer l'idée nouvelle). Mais, au Conservatoire des Arts et Métiers, le colonel Laussedat ne peut montrer qu'un chronomètre de Robin (G. b. 1176).

Enfin le dernier acte de la Convention relatif aux mesures fut la loi du 18 germinal an III (17 avril 1795), rendue sur le Rapport remarquable présenté par Prieur, député de la Côte-d'Or, au nom du Comité de l'Instruction publique.

Cette loi, qui apporte quelques modifications à l'ancien plan de 1791, établit la Nomenclature actuellement en vigueur, tant pour la mesure de longueur que pour les mesures de surface, de capacité, de poids et pour les monnaies.

Elle proroge jusqu'à ce que la Convention y ait statué de nouveau, d'après les progrès de la fabrication des instruments, l'époque prescrite pour l'application du Système par le décret du 1er août 1793.

L'*art.* 10 porte que les opérations poursuivies jusqu'alors par les Commissions de l'Académie des Sciences et par la Commission temporaire seront continuées jusqu'à leur entier achèvement par des Commissaires particuliers choisis principalement parmi les savants qui ont concouru aux premiers travaux et dont la liste sera arrêtée par le Comité de l'Instruction publique.

L'*art.* 11 prescrit en outre la formation d'une Agence temporaire chargée de tout ce qui concerne le renouvellement des mesures en dehors des opérations confiées aux commissaires nommés en vertu de l'*art.* 10.

Le principe de l'Uniformité des poids et mesures dans toute la République fut d'ailleurs posé par l'*art.* 371, dans la Constitution dite de l'an III, votée le 5 fructidor de cette année (22 août 1795).

Conformément à l'*art.* 10 de la loi de germinal, le Comité d'instruction publique, par arrêté du 28 du même mois, nomma commissaires pour l'achèvement des travaux Berthollet, Borda, Brisson, Coulomb, Delambre, Haüy, Lagrange, Laplace, Méchain, Monge, Prony et Vandermonde.

e. La Convention avant de se séparer, le 4 brumaire an IV (26 octobre 1795), décréta, dans son avant-dernière séance, l'organisation de l'Institut national, dont le principe avait été posé par l'*art.* 298 de la Constitution de l'an III, et, le Directoire exécutif ayant procédé à cette organisation le 29 brumaire, les Commissaires vinrent naturellement prendre place, dans la première classe, qui remplaçait l'Académie des Sciences.

D'autre part, les Gouvernements des pays alliés furent invités à s'associer aux opérations et la Commission prit un *caractère international*, par l'adjonction des délégués suivants :

Æneæ et van Swinden (Pays-Bas), Buggo (Danemark), Ciscar et Pedrayès (Espagne) Balbo, Fabbroni, Franchini, Mascheroni (États italiens), Trallès (Suisse).

Cette Commission, dans laquelle on retrouve la plupart des membres des Commissions précédentes, mais où on avait à regretter la perte de Condorcet, Lavoisier, Tillet et Meunier, perdit encore Vandermonde, et trois des premiers membres furent remplacés, Balbo par Vassali Eandi (Piémont), Berthollet et Monge partis pour l'Egypte, par Darcet et Lefèvre-Gineau.

Elle s'était divisée en sections dont les travaux continuèrent sous le Directoire (an IV à an VII, 1795 à 1799) et les Rapports furent déposés dans l'an VII.

La section spécialement chargée de la mesure du quart du méridien et de la longueur du mètre était composée de van Swinden, Trallès, Ciscar, Laplace, Legendre, Méchain et Delambre. Elle remit son Rapport rédigé par van Swinden le 6 floréal.

La Section chargée de vérifier les règles et d'en établir les rapports avec la toise de Mairan (voir les *Mémoires de l'Académie des Sciences de* 1735), les toises employées dans les mesures méridiennes faites au Pérou par Godin, Bouguer et La Condamine (1735 à 1749) et les toises employées en Laponie par Maupertuis, Clairaut, Camus, Le Monnier et Celsius (1736), était composée de : Multedo, Vassali, Mascheroni, Coulomb et Méchain ; elle remit son Rapport le 21 du même mois.

(La toise de Mairan sur laquelle avait été réglée la longueur du pendule qui bat la seconde à Paris fut trouvée plus courte de $0^l,3413$ que celle du Pérou, dont la longueur identique à celle de la toise de Laponie avait été exactement reproduite par Lenoir comme instrument prototype).

La Section chargée d'achever et de vérifier les expériences sur les poids faites par Fabbroni et Lefèvre-Gineau était composée de : Trallès, Vassali, Coulomb, Mascheroni et van Swinden. Elle présenta son Rapport le 11 prairial.

Le Rapport indique la comparaison du kilogramme, c'est-à-dire le poids du décimètre cube d'eau au *marc* cinquantième partie de la *pile de Charlemagne*.

Un extrait des divers Rapports réunis et refondus par van Swinden fut lu à l'Assemblée générale de l'Institut, le 15 messidor. (Il est inséré tans le t. II des *Mémoires de l'Institut.*)

La longueur de la dix-millionème partie du quart du méridien ou du mètre y est fixée à 443 lignes 296 millièmes de la toise dite du Pérou, avec une diminution de $\frac{145}{1000}$ de ligne sur la longueur provisoirement décrétée de 443^l,44.

Les *étalons* du *mètre* et du *kilogramme*, établis par les artistes Lenoir et Fortin, avaient été présentés au Corps législatif (Conseils des Anciens et des Cinq-Cents), le 4 messidor, avec un résumé des travaux de la Commission par Trallès, et déposés ensuite aux Archives, en exécution de la loi du 18 germinal an III.

f. Enfin, sous le Consulat, la loi du 18 frimaire an VIII (10 décembre 1799), promulguée par Sieyès, Bonaparte et Roger Ducos, fixa définitivement la valeur du mètre et du kilogramme, dont les anciennes estimations, données à titre provisoire par les lois du 1er août 1793 et de 18 germinal an III, furent remplacées par les valeurs qui viennent d'être indiquées.

Le 13 brumaire an IX (4 novembre 1800) un arrêté relatif au mode d'exécution du Système décimal des poids et mesures le rendit obligatoire à partir de 1er vendémiaire an X et en donna un nouveau tableau mettant en regard des noms systématiques leurs traductions par les noms des anciennes mesures voisines. (Les nomenclatures successives sont données par un tableau inséré à la p. 9 du discours préliminaire de Delambre.)

Un arrêté du 1er vendémiaire an XII (24 septembre 1803) prescrivit de déposer à l'Observatoire national les étalons du mètre et du kilogramme et toutes les règles qui avaient servi aux diverses mesures de la Terre faites par les astronomes français.

g. Dans les dernières parties de son exposé (3e Volume, publié en 1810) Delambre rappelle les raisons de l'institution du Système métrique décimal et en discute de nouveau les conditions.

Il parle d'un article (anonyme) de la *Revue d'Edimbourg* de Janvier 1807 et donne la traduction de divers passages dont il est bon de citer ici quelques-uns.

L'auteur reproche aux fondateurs du Système métrique « d'avoir été trop timides et de n'avoir pas profité de la manie des innovations qui a envahi le peuple français pour substituer l'élément duodécimal à celui qui fait le fondement de notre arithmétique ». Il exprime « le vœu que l'uniformité des Poids et Mesures soit introduite en Angleterre et dans les pays civilisés. » Il aurait préféré comme module la longueur du pendule à secondes, mais « puisqu'une autre unité fondamentale est actuellement déterminée, cette considération doit l'emporter de beaucoup sur toute autre. » Il ajoute : le « système adopté par les Français, s'il n'est pas le meilleur absolument parlant, en approche au moins de si près, que la différence n'est d'aucune importance »; et « il est un point au-dessus de toute objection, c'est qu'il ne renferme rien qui sente un pays particulier, de sorte que, si l'histoire de l'opération venait à être perdue et qu'il n'en restât que le dernier résultat, il serait impossible de savoir quelle nation en a conçu la première idée ». Il termine par cette remarque : « Il est vrai qu'en ce qui nous concerne cette adoption ne peut se faire sans sacrifier un peu de notre orgueil national; les circonstances n'y sont pas favorables, mais dans un sujet qui ne concerne que les Sciences et les Arts on peut en toute sécurité admettre la maxime : *fas est ab hoste doceri.* »

En tenant compte de travaux manuscrits de Cassini et de Lacaille, Delambre arrivait à cette conclusion que, d'après tous les résultats acquis, le quart du méridien serait de 5,131111 toises, dont le dix-millionième est $443^l,328$, tandis que l'on a admis pour l'établissement de l'étalon $443^l,295936$ correspondant à une longueur du quart du méridien de 5130740 toises.

Il reconnaissait donc déjà que l'étalon était trop court et il indiquait que sa longueur aurait dû être augmentée dans le rapport de 1 à 1,0000371111 pour représenter dans l'état de la Science la dix-millionième partie du quart du méridien.

Mais il ne proposait pas pour cela de revenir sur la détermination du mètre étalon.

On voyait en effet que, si de nouvelles mesures géodésiques ne pouvaient manquer d'apporter des corrections à la première estimation, l'étalon adopté n'en offrait pas moins une approximation suffisante pour que, dans les usages courants, le Système métrique établi sur sa valeur conservât les avantages pratiques de son principe naturel, et que l'on ne pouvait songer à remettre continuellement en question la valeur précise d'une unité de mesure dont l'institution avait précisément pour but d'introduire l'uniformité et la fixité dans les moyens d'estimation.

h. Le développement des travaux géodésiques destinés à perfectionner la connaissance de la forme et des dimensions de la Terre ne devait plus servir, en ce qui concerne l'usage du mètre, qu'à resserrer l'approximation de son rapport avec la dix-millionième partie du quart du méridien, de manière à rendre de plus en plus exactes des évaluations géodésiques déduites de son emploi.

Afin de ne plus avoir à revenir sur ce point, on indiquera ici les principales phases des progrès réalisés jusqu'à présent dans cette voie.

Bien que les travaux pour le prolongement de la mesure de la méridienne jusqu'aux parallèles de Greenwich et des Baléares soient publiés dans le volume des Mémoires de l'Académie, pour 1821, qui forme le quatrième de la série intitulée : « Base du Système métrique décimal », et que l'on n'ait pu en déduire une confirmation de l'opinion que pour répondre à sa définition théorique le mètre aurait dû être porté à $443^l,31$, ces travaux n'ont joué, à vrai dire, d'autre rôle que d'ouvrir la voie pour la détermination progressive du rapport de l'étalon avec la dix-millionième partie du quart du méridien.

Lorsque l'on considérait le rapport comme égal à l'unité, on avait d'abord admis en même temps pour la valeur du demi-diamètre ou rayon équatorial a, du demi-diamètre polaire b, et de l'aplatissement $\frac{a-b}{a}$, les valeurs suivantes :

$$a = 6374738^m,63, \qquad b = 6356649^m,63, \qquad \frac{a-b}{a} = \frac{1}{334};$$

L'aplatissement $\frac{1}{309}$ remplaçant dans les conclusions finales de Delambre celui de $\frac{1}{334}$ qu'avait admis la commission sur le rapport de laquelle la longueur du mètre fut fixée en l'an VII, ces valeurs deviennent

$$a = 6375739^{m}, \qquad b = 6356649, \qquad \frac{a-b}{a} = \frac{1}{309}.$$

Ce sont les chiffres donnés par Puissant, l'un des officiers du corps des Ingénieurs géographes qui ont jeté les bases géodésiques de la carte de l'Etat-Major (dont le canevas a été établi décimalement dans le Système de transformation de son collègue Bonne) dans son Traité de Géodésie (1805-1819), où règne l'emploi du grade.

Parmi les nombreuses déterminations successives qui ont été proposées au fur et à mesure du développement des travaux géodésiques (M. Houzeau, dans son *Vade-mecum de l'Astronomie*, en énumère une quarantaine), il suffit, ici, de citer d'abord celle de Bessel qui, après correction apportée en 1842 au calcul de la distance de Barcelone à Formentera, assigne à l'ellipse méridienne les dimensions suivantes, en toises du Pérou :

$$a = 3272077^{T},14, \qquad b = 3261139^{T},33, \qquad \frac{a-b}{a} = \frac{1}{299,1528}.$$

Les valeurs admises par Delaunay dans son Traité d'Astronomie (1854), d'après les calculs de Airy et de Bessel, sont

$$a = 6377398^{m}, \qquad b = 6356080, \qquad \frac{a-b}{a}\ \frac{1}{299,1}.$$

Avec ces valeurs, la dix-millionième partie du quart du méridien était égale à $1^{m},0000856$, avec augmentation plus que double de celle qu'admettait déjà Delambre.

Après les mesures des grands arcs Russo-Suédois, Anglo-Français, de l'Inde, du Pérou et du Cap, le colonel Clarke a trouvé en 1872 :

$$a = 20926202^{feet}, \qquad b = 20854895^{feet}, \qquad \frac{a-b}{a} = \frac{1}{293,402},$$

résultats d'après lesquels l'*Annuaire du Bureau des Longitudes* pour 1874 donne les chiffres suivants :

$$a = 6378253^{m} \pm 75^{m}, \quad b = 6356521^{m} \pm 111^{m}, \quad \frac{a-b}{a} = \frac{1}{293 \pm 1,1},$$

ce qui porte la longueur du quart du méridien à 10001877^{m} et celle du grade à $100018^{m},77$.

Les valeurs données par M. Faye dans son *Traité d'Astronomie* (1881) et reproduites dans l'*Annuaire du Bureau des Longitudes* sont

$$a = 6378393^{m} \pm 79^{m}, \quad b = 6356542^{m} \pm 119^{m}, \quad \frac{a-b}{a} = \frac{1}{292 \pm 1},$$

ce qui porte la valeur du quart du méridien à 10002008, et celle du grade à 100020^{m},08.

De nouveaux éléments très importants vont résulter de la jonction des triangulations de l'Espagne et de l'Algérie que le général Ibañez et le colonel Perrier, chefs des Services géodésiques Espagnol et Français, ont réussi à opérer en septembre 1879, au moyen de signaux électriques visés à travers la Méditerranée à la distance de 270^{km}, de telle sorte que la méridienne de France s'étend maintenant jusqu'au Sahara.

i. L'application générale du Système métrique ne suivit pas immédiatement son institution.

Un décret impérial du 12 février 1812, en autorisant l'emploi de quelques instruments, dits perfectionnés parce qu'ils facilitaient l'appréciation des rapports des unités anciennes et nouvelles, prescrivit l'usage exclusif du Système légal. Mais on fut loin d'obéir pleinement à cette dernière prescription.

La loi du 4-8 juillet 1837, abrogeant le décret du 12 février 1812 en ce qui concernait les instruments perfectionnés, dont il limitait l'emploi au 1er janvier 1840, interdit, à partir de la même date, l'usage de tous poids et mesures autres que ceux qui avaient été établis par les lois du 18 germinal an III et du 19 frimaire an VIII, constituant le Système métrique décimal dont les mesures chassèrent définitivement toutes les anciennes de la pratique industrielle et commerciale, en France.

k. La première Exposition universelle, qui eut lieu en 1851 à Londres, ramena naturellement les idées sur la question de l'unification des mesures par la propagation du Système métrique décimal, qu'un certain nombre d'États avaient déjà spontanément adopté.

Pendant la seconde Exposition, qui eut lieu en 1855 à Paris, on avait parlé, dans des conférences libres, des « moyens de simplifier, par l'adoption d'un système commun de Poids et Mesures, les opérations de commerce international », et, par suite, des Sociétés s'étaient formées dans divers pays, notamment en Angleterre, dans le but de poursuivre l'unification.

A l'approche de la quatrième Exposition, celle de 1867, à Paris, on ne manqua pas de se préoccuper de cette question.

La Commission impériale chargée d'organiser cette exposition sous la présidence du prince Napoléon, et qui avait pour vice-présidents : le Ministre d'État, M. Rouher, le Ministre de l'Agriculture, du Commerce et des Travaux publics, M. Béhic, auquel succéda M. de Forcade la Roquette, et le Ministre de la Maison de l'Empereur et des Beaux-Arts, M^{al} Vaillant, bien qu'elle ait, en fondant l'association de garantie financière dont elle devenait le Conseil d'administration, assuré à l'entreprise les avantages économiques d'une opération simplement subventionnée par l'Etat et la Ville de Paris, ne perdit pas pour cela son caractère officiel ; aussi, après la démission du Président, remplacé à titre honoraire par le Prince impérial, ce fut par arrrêté ministériel du premier Vice-Président, en date du 6 juin 1866, que, à la suite de conférences provoquées principalement par deux Associations anglaises, le *Metric committee of the British Association for the advancement of Science* et l'*International Association for obtaining one uniform decimal System of measures weights and coins*, qui avaient accrédité à Paris M. Leone Levi, et sur la proposition du Commissaire général de l'Exposition universelle, M. Le Play, fut institué un *Comité spécial*, dit des *Poids, des Mesures et des Monnaies*, chargé de former une Exposition internationale des Poids, des Mesures et des Monnaies de tous les pays, et de rechercher les moyens les plus efficaces d'utiliser le concours universel de 1867 pour l'adoption et la propagation d'un Système uniforme.

Des membres furent désignés par les Commissions étrangères, et, après l'homologation de ces désignations par arrêtés ministériels du 14 février et du 10 avril 1867, la liste définitive des membres du Comité devenu international fut fixée ainsi qu'il suit :

Président, M. Mathieu (qui, collaborateur de Delambre, déjà en 1805, puis de Biot et d'Arago, n'avait cessé de s'occuper du Système métrique et des Mesures en général. Voir l'*Annuaire du Bureau des Longitudes*, notamment les années 1865, 1866, 1867); *Secrétaires*, MM. Edmond Becquerel et Baudrillard (France), Leone Levi (Angleterre); *Membres*, MM. B. de Chancourtois, Jullien et Peligot (France), von Baumhauer (Pays-Bas), du Pré (Belgique), Magnus et Varrentrap (Prusse et États de l'Allemagne du Nord), Max Günther (États de l'Allemagne du Sud), le Bon de Burg, le Bon de Hock et le C^her^ de Parmentier (Autriche), Feer-Herzog (Suisse), Ramon de la Sagra et Guerrero (Espagne), le Cte d'Avila (Portugal), Le Maire (Danemark), de Fahnehjelm (Suède), Christiensen (Norvège), B. de Jacobi et le Gal Gloukoff (Russie), Malaguti et Giordano (Italie), le colonel Essad-bey (Turquie), Joseph Claude (Égypte), le caïd Nyssim Samama (Maroc), Valensi (Tunis), de Porto-Alegre (Brésil), Samuel B. Ruggles (États-Unis d'Amérique), le C^el^ Younghusband (Grande-Bretagne); *Secrétaires-adjoints*, MM. Ch. de Billy, de Lapparent, le Cap^ne^ Peigné, d'Ussel.

Pour répondre à la seconde partie de sa mission, le comité se divisa en trois sections.

Un rapport concernant l'uniformité des Poids et Mesures fut rédigé par M. de Jacobi; ses conclusions, adoptées à l'unanimité, sont :

« I. Le système pratique décimal ou décadique, conforme au système de numération universellement employé, est le plus propre à exprimer les multiples et les sous-multiples des Poids, des Mesures et des Monnaies.

» II. Le Système décimal métrique est parfaitement propre à être adopté, en raisons des principes scientifiques sur lesquels il est établi, de l'homogénéité qui règne dans les rapports de toutes ses parties, de sa simplicité et de la facilité de ses applications, dans les Sciences et dans les Arts, dans l'Industrie et dans le Commerce.

» III. Les instruments de précision et les méthodes employées pour obtenir des copies des Poids et Mesures prototypes ont atteint une perfection telle, que l'exactitude de ces copies répond aux besoins de l'Industrie et du Commerce, et même aux besoins de la Science dans son état actuel.

» IV. Comme toute économie de travail, tant matériel qu'intellectuel, équivaut à une véritable augmentation de richesse, l'adoption du Système métrique, qui se range dans le même ordre d'idées que les machines et outils, les voies ferrées, les télégraphes, les tables logarithmiques, se recommandent tout particulièrement sous le point de vue économique. »

Dans le rapport, on trouve la liste des États qui avaient complètement adopté et rendu obligatoire l'usage du système métrique, tel qu'il est pratiqué en France, savoir :

La Belgique, les Pays-Bas, l'Italie, les États Pontificaux, l'Espagne, le Portugal, la Grèce, le Mexique, le Chili, le Brésil, la Nouvelle-Grenade, les Républiques du sud de l'Amérique méridionale.

Le rapport signale ensuite les États qui ont admis légalement l'usage du Système métrique, mais d'une manière purement facultative, savoir :

L'Angleterre, où la légalisation avait eu lieu, en 1864, après une enquête parlementaire, ouverte en 1862, qui avait fait ressortir le manque de simplicité et d'uniformité des Poids et Mesures de la Grande-Bretagne.

Les États-Unis, où une loi de 1866, objet de délibérations auxquelles la formation du comité de l'Exposition ne fut pas étrangère, venait de décider que : « le Secrétaire de la Trésorerie était autorisé et invité à fournir à chaque État de l'Union et à délivrer au gouverneur une série d'étalons de Poids et de Mesures du Système métrique pour l'usage des États », et que le Directeur général des Postes était autorisé et invité à fournir aux bureaux de poste, en relation de services avec l'étranger, et à tous ceux qu'il jugerait bon, des balances postales graduées en grammes métriques, etc.

Le rapport indique aussi les États qui avaient fait des emprunts au Système métrique, savoir :

La Suisse, la Suède, la Prusse, le grand-duché de Bade, la Bavière, le Wurtemberg, le Danemark, l'Autriche, en expliquant les concordances et les discordances, et en faisant d'ailleurs connaître que, dans tous ces pays, on se montrait déjà très disposé en faveur de l'adoption du Système entier.

Il mentionne enfin, parmi les États dont les Systèmes de mesures étaient complètement en désaccord avec le Système métrique décimal : la Norvège, la Russie, la Turquie, l'Égypte, le Maroc, Tunis.

On y trouve ensuite un exposé des avantages du Système décimal et une étude des moyens de propagation, avec l'indication des Mesures qu'il paraissait désirable que les Gouvernements prissent immédiatement, savoir : 1° prescription de l'étude du Système dans toutes les écoles; 2° introduction de son usage exclusif dans les publications scientifiques dont les statistiques publiques, dans les Postes, les Douanes, les Travaux publics, et dans telles autres branches de l'Administration que les Gouvernements trouveraient convenables.

Le rapport soulève enfin, sans la traiter, comme étant en dehors de la mission du Comité, la question de la confection des étalons, copie exacte des prototypes de Paris, et formule enfin le vœu que les pouvoirs compétents des différentes nations veuillent bien se rendre aux sollicitations de la Science et aux manifestations de l'opinion.

Il n'y a pas lieu de s'arrêter ici, ni au rapport de M. von Baumhauer, concernant l'Aréométrie, ni à celui de M. le Bon de Hock, concernant l'uniformité des Monnaies, sujet qui dut être d'ailleurs traité avec beaucoup de réserve, comme étant déjà soumis à une conférence diplomatique. Mathieu, en rendant compte des travaux du comité qu'il avait présidé, demanda la publication des rapports et des délibérations comme pouvant contribuer à la propagation du Système décimal, qui, disait-il, paraissait généralement être adopté en principe.

La publication fut faite en tête du Catalogue de l'exposition spéciale des Poids, des Mesures et des Monnaies.

L'auteur de la présente Notice avait tenté de faire aborder par le Comité les questions de la division décimale du cercle, de la division décimale correspondante du temps et de l'unification du méridien initial pour la graduation des longitudes, mais l'étude de ces questions n'était pas encore assez mûre.

L'intervention du Comité resta donc, on le voit, dans les limites de la propagation des parties du Système déjà passées dans l'usage courant; mais, dans ces limites, elle fut très efficace, comme le montre la reprise de la question en 1868 et 1869.

La Conférence géodésique internationale avait de son côté compris les vœux suivants dans les conclusions de ses délibérations de 1867.

« Il est dans l'intérêt des Sciences en général et de la Géodésie en particulier qu'un Système uniforme de Poids et Mesures avec subdivisions décimales soit adopté en Europe. Afin de définir l'unité de longueur aussi invariablement que possible, la commission recommande la construction d'un nouveau mètre prototype européen dont la longueur devrait différer aussi peu que possible de celle du mètre étalon des Archives de Paris et devrait, en tout cas, lui être comparé avec la plus grande exactitude.

» La construction du nouveau prototype ainsi que la confection de la comparaison des copies destinées à différents pays devraient être confiées à une Commission internationale dans laquelle les États intéressés seraient représentés ».

Les Sociétés savantes d'Allemagne s'étaient ensuite occupées de la question.

L'Académie de Saint-Pétersbourg avait demandé au Gouvernement de provoquer la formation d'une Commission internationale.

Enfin une Commission d'enquête constituée en Angleterre pour l'examen des étalons officiels s'exprimait ainsi, dans son second rapport (1869) :

« Considérant les renseignements recueillis sur l'adoption générale du Système métrique décimal des Poids et Mesures dans plusieurs États, soit de l'Europe, soit du Nouveau Monde et plus récemment dans les confédérations de l'Allemagne du Nord et du Sud, les progrès de l'opinion générale de l'Angleterre en faveur de ce Système comme Système international pour les Travaux scientifiques et la pratique, etc., la Commission est d'avis qu'il y a lieu pour le Gouvernement de régler par des dispositions législatives et de faciliter l'introduction et l'usage des Poids et Mesures métriques dans le royaume uni; que, dans ce but, des étalons métriques comparés soigneusement avec les étalons primitifs de Paris et déposés parmi les étalons officiels du département du Commerce soient légalisés et que les copies vérifiées de ces étalons puissent être mises à la disposition des autorités locales par des inspecteurs des districts qui en exprimeraient le désir. »

La Commission ajoutait que la nomenclature française devait être introduite en Angleterre, aussi bien que la division décimale du Système métrique, lequel devait être enseigné dans toutes les écoles gouvernementales; elle rappelait que déjà en 1867 le Gouvernement de l'Inde anglaise, dans un rapport longuement motivé, avait proposé de s'adresser au Gouvernement français pour obtenir une série complète des Mesures vérifiées avec soin.

Dès 1868 une Commission avait été formée sous la présidence du maréchal Vaillant (l'un des ministres vice-présidents de la Commission de 1867), pour aviser aux moyens de donner satisfaction aux désirs des Gouvernements étrangers.

I. Le Ministre du commerce Alfred Leroux, dans un rapport à l'Empereur en date du 1er septembre 1869, proposa, conformément aux conclusions de cette Commission, de décider qu'il serait fait une copie légale par un mètre à traits du mètre à bouts des Archives, que cette copie serait effectuée par une Commission Française à laquelle seraient appelés à se joindre des commissaires délégués par les Puissances étrangères; enfin, de nommer une Commission chargée dès à présent de préparer les éléments du travail. Le rapport fut approuvé et un décret impérial nomma les membres de la section Française de la Commission.

En même temps, le Gouvernement Français invita les Gouvernements étrangers qui désiraient se procurer des étalons métriques comparés à ceux des Archives à déléguer des savants qui se joindraient aux savants Français, comme lors de la fondation du Système métrique, et la communication des étalons fut autorisée sous la surveillance et avec le contrôle du directeur général des Archives, M. Alfred Maury.

La Section française se réunit le 9 novembre 1869 au Conservatoire des Arts et Métiers et le 16 du même mois, aux Archives, pour se rendre compte de l'état des étalons conservés dans ces deux établissements.

Par les réponses des Gouvernements étrangers la Commission fut définitivement constituée sous le titre de *Commission internationale du Mètre,* avec la composition suivante : MM. le Dr J. Herr* et le Dr von Lang* (Autriche), de Krusper et Szily (Hongrie), le Dr Steinheil (Bavière), le Cel Liagre et Stas (Belgique), Gay (Chili), Torres et Caicédo* (Etats-Unis de Colombie), le Cel Ibañez* (Espagne), le P. Secchi* (Etats Romains), le Pr Joseph Henri* et Hilgard (Etats-Unis), Aguirre y Montufar* (Equateur), Mathieu*, le Gal Morin*, Le Verrier*, Faye*, Fizeau, Henri Sainte Claire-Deville, Delaunay*, E. Becquerel, Peligot, Gal Jarras et Tresca* (France), Airy, le Pr Miller* et Chissholm* (Grande-Bretagne), Soutzo* (Grèce), Gal Ricci (Italie), Michel Chevalier (Nicaragua), Kaiser et Stamkart (Pays-Bas), Bonifaz* (Pérou), le Gal Morin* et Casal Ribeira (Portugal), Fœrster (Prusse et confédération de l'Allemagne du Nord), Otto Struve*, de Jacobi et le Pr Wild*(Russie), Herrau (San Salvador), le Bon Wrede (Suède), le Pr Molm* et Christie (Norvège), le Dr Hirsch* (Suisse), le Cel Husney-Bey* (Turquie), Elizeo Acosta (Vénézuéla), von Steinbeis (Wurtemberg).

La première séance eut lieu le 8 août 1870; les membres présents sont ceux dont les noms portent un astérique.

La présidence fut déférée à M. Mathieu. Furent nommés vice-présidents : le Dr Herr, le Pr Henri, Sir Georges Airy et M. Otto Struve.

Par suite de la guerre, la session fut close le 14 août 1870, sur les observations de M. Otto Struve, qui proposa d'ajourner et de procéder, en attendant une nouvelle réunion, à des études préliminaires sur les questions abordées et constata que, si l'on n'avait pu prendre des résolutions définitives, la mission n'en avait pas moins fait de grands progrès.

Les séances de la section Française de la Commission internationale du Mètre, reprirent le 1er décembre 1871 et continuèrent dans les premiers mois de 1872. Le 11 avril, il y fut proposé de créer un organisme international, comprenant un comité permanent de cinq membres et un Institut métrologique à Paris.

Le 24 septembre 1872, la Commission internationale se réunit de nouveau sous la présidence de M. Mathieu. Quelques modifications avaient eu lieu dans la liste des commissaires, où se trouvaient maintenant, pour la Bavière, M. de Jolly, à la place du Dr Steinheil; pour la Belgique, MM. H. Maus et Henschen, à la place du Cel Liagre; pour la Norvège, M. Broch, à la place de MM. Molm et Christie. Des seconds commissaires avaient été nommés par différents États : le Pr Govi, par l'Italie; M. Boscha, par les Pays-Bas; don Pedro Galvez, par le Pérou. Deux nouveaux pays étaient représentés : le Danemark, par M. Holten; l'Uruguay, par don Cervantes.

M. Tresca, restant chargé des fonctions de Secrétaire, soumit, dans la séance suivante, du 25 septembre, les diverses résolutions de principe déjà admises dans les réunions antérieures.

Sept sous-commissions se partagèrent les études. Dix séances eurent lieu, du 26 septembre au 12 octobre.

On y arrêta quarante résolutions comprenant, avec quelques modifications de rédaction, celles qui avaient été prises antérieurement, et dont sont extraites les dispositions suivantes :

« I. Pour l'exécution du mètre international, on prend comme point de départ le mètre des Archives dans l'état où il se trouve.

» IV. Tout en décidant que le nouveau mètre international doit être un mètre à traits, dont tous les pays recevront des copies identiques, construites en même temps que le prototype à traits, la Commission devra construire ensuite un certain nombre d'étalons à bouts pour les pays qui en auront exprimé le désir, etc.

» VI. On emploiera pour la fabrication du mètre un alliage composé de 90 de platine et 10 d'iridium.

» VII. On fabriquera avec le lingot provenant d'une coulée unique des règles dont le nombre et la forme seront déterminés par la Commission internationale.

» IX. Les barres de platine iridié sur lesquelles on doit tracer les mètres à traits auront une longueur de 102 centimètres et leur section transversale sera représentée par le modèle décrit dans une Note de M. Tresca (annexée à ce procès-verbal de la Séance du 4 octobre, section en X).

» XI. Pendant toutes les opérations que l'on devra faire avec les mètres étalons, ils seront portés par les deux rouleaux indiqués par le Gal Bon Wrede, etc.

» XIII. La méthode de M. Fizeau sera employée pour déterminer la dilatation du platine iridié.

» XVIII. Le tracé des mètres à traits et leur première comparaison avec le mètre des Archives seront d'abord effectués par le procédé Fizeau.

» XIX. Pour la détermination des équations des divers étalons on emploiera en outre tous les moyens de comparaison déjà connus et éprouvés, c'est-à-dire suivant les cas, soit des touches de différentes formes, soit la méthode de MM. Airy et Struve ou celle de MM. Stamkart et Steinheil.

» XXII. Considérant que la relation simple établie par les auteurs du Système métrique entre l'unité de poids et l'unité de volume est représentée par le kilogramme actuel d'une manière suffisamment exacte pour les usages ordinaires de l'Industrie et même de la Science; considérant que les Sciences exactes n'ont pas le même besoin d'une relation numériquement simple, mais seulement d'une détermination aussi parfaite que possible de cette relation; considérant enfin les difficultés que ferait naître un changement de l'unité actuelle du poids métrique, il est décidé que le kilogramme international sera déduit du kilogramme des Archives dans son état actuel.

XXIV. La matière du kilogramme international sera la même que celle du mètre international etc.

XXX. Pour déterminer le poids des nouveaux kilogrammes, par rapport à celui des Archives, dans le vide, on se servira de deux kilogrammes auxiliaires, suivant la méthode indiquée par M. Stas.

XXXV. La confection des nouveaux prototypes du mètre et du kilogramme, le tracé des mètres, la comparaison des nouveaux prototypes avec ceux des Archives ainsi que la construction des appareils nécessaires à ces opérations sont confiés à la section Française avec le concours du Comité permanent.

XXXVII. La Commission internationale signale aux gouvernements intéressés la grande utilité qu'il y aurait à fonder à Paris un *Bureau international des Poids et Mesures*, sur les bases suivantes : etc.

XL. La Commission émet le vœu que, dans l'intérêt de la Science géodésique, le Gouvernement français fasse mesurer de nouveau, en temps opportun, une des anciennes bases françaises.

Enfin, dans la dernière séance, on nomma un Comité permanent, composé de :

MM. Fœrster, le Gal Ibañez, *Présidents;* Boscha, *Secrétaire;* Herr, Wild, le Bon Wrede, Hilgard, le Gal Morin, Chisholm, Broch, Stass, Husny-Bey.

Les membres français eurent ensuite dix-sept réunions, du 8 novembre 1872 au 2 mai 1873, et le 6 mai, en présence du Président de la République, M. Thiers, du Ministre du Commerce et de l'Agriculture, M. Teisserenc de Bort, et de plusieurs notabilités, eut lieu à l'École normale, avec les procédés de M. Deville et par les soins de M. Debray, la fonte, en trois quarts d'heure, et la coulée du premier lingot de platine iridié au $\frac{1}{10}$, destiné à la construction des étalons. Le platine avait été mis à la disposition de M. Deville par MM. Johnson et Matthey, de Londres, et l'iridium provenait de l'osmiure, envoyé par M. le Gal Samarski, en 1863, et par M. le Gal de la Rochelle, en 1873.

La section Française tint ensuite vingt-trois séances, du 16 mai 1873 au 5 octobre 1874.

Le 22 mai 1874, on fondit un lingot de 250^kg^, qui, après avoir été forgé, fut présenté à l'Académie des Sciences.

Le 5 octobre de la même année, la section Française présenta les premières règles au Comité permanent.

m. Le Comité permanent, ne trouvant pas convenable de laisser supporter à la France les frais de l'œuvre commune avait demandé en 1873 la formation d'une Conférence diplomatique à réunir à Paris pour régler les conditions de participation de différents États sous tous les rapports.

Cette conférence se réunit en effets en 1875. 20 États y étaient représentés par des plénipotentiaires et des délégués spéciaux, savoir :

L'*Allemagne*, par le P^ce^ de Hohenlohe Scillingsfurst, Plenip., et le D^r^ Fœrster, Dél.; — l'*Autriche-Hongrie*, par le Cte Apponyi, P, et le Dr G. Herr, D.; — la *Belgique*, par le Bon Beyerns, P. et M. Stas, D; — le *Brésil*, par le Vte d'Itajuba (Marcos Antonio d'Araujo), P, et le Gal Morin, D.; — La *Confédération argentine*, par M. Balcarce, P.; — le *Danemark*, par le Cte de Moltke Hvitfeldt, P. et le Pr Holten, D.; — l'*Espagne*, par Don Mariano Roca de Togares, Vte de Rocamora, Mis de Molins, P., et le Gal Ibanez, P. D.; — les *Etats-Unis d'Amérique*, par M. Ellihu Benjamin Washburne, P., et M. Vignaud, D.; — la *France*, par M. le Duc Decaze, P., le Vte de Meaux, P., M. Dumas, P. D., le Gal Morin, D., M. Peligot, D., M. Dumoutier de Fredilly, D., M. Jagerschmidt, D.; — la *Grande-Bretagne*, par M. Chisholm, D.; — la *Grèce*, par M. Coudouriotis, P., et M. Delyanis, D.; — l'*Italie*, par le C^r^ Constantin Nigra, P., et le Pr Govi, D.; — les *Pays Bas*, par le Bon de Zuylend Nyevelt, P. et le Pr Boscha, D.; — le *Pérou*, par M. Pedro-Galvez, P., et M. Francisco de Riveiro, D.; — le *Portugal*, par M. Jose da Silva Mendes Leal, P., et le Gal Morin, D.; — la *Russie*, par M. Grégoire Okouneff, P., et M. Wyld, D.; — la *Suède* et la *Norvège*, par le Bon Adelsward, P., Bon Wrede, D. et le Dr Broch, D.; — la *Suisse*, par M. Jean Conrad Kern, P.; — la *Turquie*, par Husny Bey, P.; — le *Vénézuela*, par le Dr Elizeo Acosta, P.

Dans la première séance, qui s'ouvrit le 4 mars sous la présidence de M. le duc Decaze et où M. E. Crampon et M. A. Riche furent chargés des fonctions de secrétaires, il fut admis que la mission du Comité de permanence qui avait été institué en 1872, mais n'avait pas eu lieu d'être reconnu par les Gouvernements, prenait fin par la réunion de la Conférence, et une Commission principalement composée des délégués spéciaux fut chargée de préparer un projet de Convention.

Dans les délibérations de cette Commission, présidée par M. Dumas, deux projetsfurent mis en présence et les délégués Français, restés d'abord neutres, se rallièrent au projet qui était soutenu par la majorité, et qui devint la base d'une convention signée le 20 mai par les plénipotentiaires de l'*Allemagne*, de l'*Autriche-Hongrie*, de la *Belgique*, du *Brésil*, de la *Confédération Argentine*, du *Danemark*, de l'*Espagne*, des *États-Unis d'Amérique*, de la *France*, de l'*Italie*, du *Pérou*, du *Portugal*, de la *Russie*, de la *Suède* et de la *Norvège*, de la *Suisse*, de la *Turquie* et du *Vénézuéla*.

Cette Convention, dite du Mètre, porte :

Art. 1er. — Les Hautes Parties contractantes s'engagent à fonder et entretenir, à frais communs, un *Bureau international des Poids et Mesures*, scientifique et permanent, dont le siège est à Paris.

Art. 2. — Le Gouvernement français prendra les dispositions nécessaires pour faciliter l'acquisition ou, s'il y a lieu, la construction d'un bâtiment spécialement affecté à cette destination, dans les conditions déterminées par le Règlement annexé à la présente Convention.

Art. — 3. Le Bureau international fonctionnera sous la direction et la surveillance exclusive d'un *Comité international des Poids et Mesures*, placé lui-même sous l'autorité d'une *Conférence générale des Poids et Mesures* formée de délégués de tous les Gouvernements contractants.

Art. 4. — La présidence de la Conférence générale des Poids et Mesures est attribuée au président en exercice de l'Académie des Sciences de Paris.

Art. 5. — L'organisation du Bureau ainsi que la composition et les attributions du Comité international et de la Conférence générale des Poids et Mesures sont déterminées par le Règlement annexé à la présente Commission.

Art. 6. — Le Bureau international des Poids et Mesures est chargé :

1° De toutes les comparaisons et vérifications des nouveaux prototypes du mètre et du kilogramme;

2° De la conservation des prototypes internationaux;

3° Des comparaisons périodiques des étalons nationaux avec les prototypes internationaux et avec leurs témoins, ainsi que de celles des thermomètres étalons;

4° De la comparaison des nouveaux prototypes avec les étalons fondamentaux des Poids et Mesures non métriques employés dans les différents pays et dans les sciences;

5° De l'étalonnage et de la comparaison des règles géodésiques;

6° De la comparaison des étalons et échelles de précision dont la vérification serait demandée, soit par des Gouvernements, soit par des sociétés savantes, soit même par des artistes et des savants.

Art. 7. — Le personnel du Bureau se composera d'un directeur, de deux adjoints et du nombre d'employés nécessaire.

A partir de l'époque où les comparaisons des nouveaux prototypes auront été effectuées et où ces prototypes auront été répartis entre les divers Etats, le personnel du Bureau sera réduit dans la proportion jugée convenable.

Les nominations du personnel du Bureau seront notifiées par le Comité international aux Gouvernements des Hautes Parties contractantes.

Art. 8. — Les prototypes internationaux du mètre et du kilogramme, ainsi que leurs témoins, demeureront déposés dans le Bureau; l'accès du dépôt sera uniquement réservé au Comité international.

Art. 9. — Tous les frais d'établissement et d'installation du Bureau international des Poids et Mesures, ainsi que les dépenses annuelles d'entretien et celles du Comité, seront couverts par des contributions des États contractants établies d'après une échelle basée sur leur population actuelle.

Art. 10. — Les sommes représentant la part contributive de chacun des Etats contractants seront versées, au commencement de chaque année, par l'intermédiaire du Ministère des Affaires étrangères de France, à la Caisse des dépôts et consignations, à Paris, d'où elles seront retirées, au fur et à mesure des besoins, sur mandats du directeur du Bureau.

Art. 11. — Les Gouvernements qui useraient de la faculté, réservée à tout Etat, d'accéder à la présente Convention, seront tenus d'acquitter une contribution dont le montant sera déterminé par le Comité sur les bases établies à l'art. 9, et qui sera affectée à l'amélioration du matériel scientifique du Bureau.

Art. 12. — Les Hautes Parties contractantes se réservent la faculté d'apporter d'un commun accord à la présente Convention toutes les modifications dont l'expérience démontrerait l'utilité.

Art. 13. — A l'expiration d'un terme de douze années, la présente Convention pourra être dénoncée par l'une ou l'autre des Hautes Parties contractantes.

Le Gouvernement qui userait de la faculté d'en faire cesser les effets en ce qui le concerne sera tenu de notifier son intention une année d'avance et renoncera, par ce fait, à tous droits de copropriétés sur les prototypes internationaux et sur le Bureau.

Art. 14. — La présente Convention sera ratifiée suivant les lois constitutionnelles particulières à chaque État; les ratifications en seront échangées à Paris dans le délai de six mois, ou plus tôt si faire se peut. Elle sera mise à exécution à partir du 1er janvier 1876.

Le règlement annexé à cette convention formule les conditions d'installation matérielle du Bureau, pose les bases de son budget et de la répartition de ses dépenses entre les États contractants (d'après le chiffre de la population), détermine l'organisation de son personnel, son mode de fonctionnement, fixe le nombre des Membres du Comité des Poids et Mesures à quatorze, en indiquant qu'il sera composé, pour la première fois, des douze Membres de l'ancien Comité permanent de la Commission de 1872 et des deux délégués (MM. Govi et Hirsch) qui, lors de la nomination de ce Comité permanent, avaient obtenu le plus grand nombre de suffrages après les membres élus (dont la liste a été donnée plus haut); définit les rapports du bureau avec le Comité, sous la direction et la surveillance duquel il est placé et qui doit se réunir au moins une fois par an, jusqu'à l'époque où les nouveaux prototypes seront terminés et distribués; définit enfin ses rapports avec la section Française de la Commission internationale de 1872, qui reste chargée des travaux de construction des nouveaux prototypes. Le règlement porte aussi que la Conférence générale a pour mission de discuter et de provoquer les mesures pour la propagation et le perfectionnement du Système métrique, ainsi que de sanctionner les nouvelles déterminations métrologiques fondamentales qui auraient été faites dans l'intervalle de ses réunions, lesquelles doivent avoir lieu au moins une fois tous les six ans, à Paris, sur la convocation du Comité, dont les membres pourront alors être renouvelés par moitié.

n. Le Gouvernement Français ayant mis à la disposition du Bureau le pavillon de Breteuil, dans le parc de Saint-Cloud, l'installation a été immédiatement commencée par le Pr Govi qui, ne pouvant se fixer complètement à Paris, a dû bientôt renoncer à la direction.

Le Dr Broch, qui a bien voulu d'abord venir consacrer une partie de son temps à la direction des travaux, a été, en 1883, nommé directeur à titre permanent. Il a pour adjoints le Dr Benoist et le Dr Thiesen. Le Dr Pernet est chargé des études thermométriques et barométriques.

Le Bureau est maintenant en pleine activité. Indépendamment du concours qu'il donne à la Section Française pour l'établissement des nouveaux étalons, il a, conformément à sa mission, satisfait à beaucoup de demandes de comparaisons et de vérifications adressées par les services publics de divers pays, et a perfectionné les appareils et les méthodes. Il a publié en 1881, 1883 et 1884, trois Volumes, sous le titre « *Travaux et Mémoires du Bureau international des Poids et Mesures* ».

Le Comité s'est réuni régulièrement chaque année (1875-1883), et, après chaque session, a publié les procès-verbaux des séances.

Les Gouvernements de la Grande-Bretagne et des Pays-Bas n'ayant pas adhéré à la convention, leurs délégués, MM. Chisholm et Boscha, ont été remplacés par M. Gould (Confédération Argentine), et de Krusper (Hongrie); d'autre part, M. Bertrand, Secrétaire perpétuel de l'Académie des Sciences, a pris la place de M. Dumas, qui avait lui-même remplacé le Gal Morin. M. Husny-Bey, considéré comme démissionnaire, n'a pas été remplacé.

Le Comité est donc actuellement composé de MM. le Gal Ibañez, *Président;* Bertrand, le Dr Broch, Foerster, Gould, le Pr Govi, le Pr Herr, Hilgard, de Krusper, Stas, le Dr Wild, le Gal Bon Wrede et le Dr Hirsch, *Secrétaire.*

La Section Française a, de son côté, continué ses travaux et a publié les procès-verbaux des séances qu'elle a tenues jusqu'au 31 décembre 1882.

Sa composition a été également modifiée. Par décret présidentiel du Maréchal de Mac-Mahon, le nombre des Membres nommés par la décision impériale du 1er septembre 1869 a été porté à quinze. M. Dumas, désigné pour succéder à M. Mathieu dans la présidence, a été nommé avec cinq autres Membres. D'autres nominations ont ensuite remplacé des Membres décédés. Enfin, après la mort de M. Dumas, M. Bertrand a été nommé *Président.*

Par suite de ces mouvements, la Section Française se compose actuellement de MM. Bertrand, *Président;* E. Becquerel, Boussingault, Cornu, Faye, Fizeau, le Gal Jarras, Lœwy, Mangon, l'amiral Mouchez, Peligot, Phillips; Tresca, *Secrétaire.*

L'alliage préparé en 1874 ayant été reconnu contenir un peu de ruthénium et de fer, ce qui pouvait inspirer des craintes sur son inaltérabilité, dont le caractère absolu est surtout indispensable pour les kilogrammes, les opérations ont été retardées par le désir de profiter des nouveaux progrès poursuivis par M. Mathey, depuis 1874, dans la métallurgie du platine.

Il est permis maintenant de compter sur la production, à bref délai, des barres et lingots de platine iridié parfaitement pur, préparés en fabrication métallurgique, pour la construction des nouveaux étalons, dont l'achèvement ne peut d'ailleurs manquer de suivre promptement la fourniture de la matière brute, vu l'acquis obtenu dans les procédés d'exécution et de vérification à l'institution et à l'application desquels ont concouru principalement MM. Debray, Gustave Tresca et Brunner, pour la section française, MM. Stas et Benoist, pour le Comité.

La première phase de l'œuvre de la Convention du mètre, c'est-à-dire la livraison aux divers États des nouveaux étalons prototypes, sera donc prochainement accomplie.

0. On voit, par ce qui précède, que l'institution et l'application du Système métrique décimal ont été poursuivies en France, sous tous les régimes gouvernementaux, par les soins des savants et des artistes les plus éminents, avec l'appui constant des administrateurs et des hommes d'État de la plus

haute autorité, auxquels on a dû même en plusieurs circonstances l'initiative des mesures à prendre pour la fondation et le progrès d'une œuvre qui répondait au vœu de l'opinion publique, comme le prouvent les approbations invariablement renouvelées des assemblées législatives.

On voit encore que cette œuvre d'unification, entreprise dans des vues d'intérêt universel et qui a pris, dès le début, le caractère international, a gagné chaque jour davantage la faveur des esprits les plus éclairés de tous les peuples les plus civilisés et que l'utilité du Système a obtenu la plus solennelle consécration, en même temps que sa propagation recevait l'impulsion la plus puissante pour la *Convention du Mètre,* à l'établissement de laquelle dix-neuf Gouvernements ont participé dans la condition la plus élevée des rapports diplomatiques par l'envoi de délégués de la plus haute compétence scientifique et technique.

p. Mais on voit aussi que, depuis assez longtemps déjà, on s'est borné à poursuivre la propagation de l'usage des unités de longueur, de superficie, de volume et de poids, sans s'occuper de compléter l'application du Système par la décimalisation des mesures de l'espace angulaire et du temps, formulée dès l'origine, mais que l'exemple donné en Astronomie et en Géodésie par Laplace et suivi par Puissant n'avait pu faire triompher de l'habitude des divisions sexagésimales ou duodécimales.

Au désidératum de ce développement complémentaire, on ne manque pas d'objecter la nécessité, au point de vue de l'Astronomie et de la Navigation, de faire correspondre à la division du cercle la division du jour et l'impossibilité de changer, pour cette dernière, une habitude vulgaire universelle. Mais l'objection tombant devant la remarque que l'on doit établir la mesure décimale du temps exclusivement pour les usages scientifiques et techniques, et que l'on peut la rendre tout à fait indépendante de la mesure vulgaire en la faisant porter sur le jour sidéral, l'idée de la double décimalisation a continué à être soutenue.

Le savant et habile ingénieur Porro a établi, avec la graduation décimale, sa méthode de lever topographique (reposant sur l'emploi d'un théodolite particulier à lunette anallatique pour l'usage de la stadia) qui est la plus expéditive et reste fort appréciée, notamment en Italie.

Le progrès de l'idée de la double décimalisation a été en dernier lieu principalement entravé par une dissidence qui s'est produite parmi ses partisans, les uns voulant conserver la division classique du cercle en 400 grades, les autres demandant que la division décimale porte directement sur le cercle entier.

La question a été traitée en 1870 à l'Académie des Sciences.

A la séance du 23 mai, M. d'Abbadie, en remettant le projet de réforme à l'ordre du jour, par sa *Note sur la division décimale de l'angle et du temps,* a indiqué le quadrant ou le quart de circonférence comme l'unité d'angle ou d'arc imposée par la nature des choses et a recommandé ensuite pour les subdivisions les dénominations et les notations méthodiques proposées par M. Hoüel pour les décimales successives (lesquelles sont mises en Tableau, avec les observations correspondantes des angles en degrés, minutes et secondes, dans la note (1), (p. 3), et a proposé le maintien du terme *grade* pour la seconde, mais en excluant les termes *minute* et *seconde centésimales* ordinairement appliqués à la deuxième et à la quatrième décimale du grade, de manière à prévenir toute confusion entre les mesures de l'ancien et du nouveau système.

A la séance du 6 juin, après lecture d'une lettre de M. Wolf (de Zurich) indiquant comme plus rationnelle et préférable pour l'Astronomie la division centésimale du cercle entier, M. d'Abbadie a rappelé les idées de Lagrange, Laplace, Ideler, Borda, etc.

A la séance du 13 juin, M. Yvon Villarceau, en présentant des *Remarques relatives à la division décimale des angles et du temps*, a cité d'abord le procès-verbal de la séance du Bureau des Longitudes du 9 novembre 1864, dans laquelle il avait rappelé la question de la graduation décimale du cercle en proposant de faire porter la division centésimale, non plus sur le quadrant, mais sur le cercle entier, de manière à faire coïncider l'unité d'angle, qui serait alors l'angle décrit par le rayon revenu à sa position initiale après un tour entier, avec la révolution de la Terre, c'est-à-dire avec le jour sidéral, pris comme unité de temps; a précisé ensuite les avantages de ce mode de graduation, notamment en ce qui touche la considération des angles embrassant plusieurs circonférences; a discuté la qualification d'unité naturelle donnée au quadrant, dont la dénomination seule lui semble exclure l'idée d'unité; a proposé enfin d'appeler *tour* et de noter τ le nombre, double de π, qui représente le rapport de la circonférence entière au rayon.

A la séance du 27 juin a été lue une lettre, *Sur le choix de l'unité angulaire*, de M. Hoüel, qui, après avoir réservé le côté de la question concernant spécialement l'Astronomie pratique, motivait le choix du quadrant comme unité naturelle, pour tout ce qui concerne la Mécanique céleste, la Géodésie, la Topographie, la Physique et les déterminations numériques que l'on rencontre dans l'étude des Mathématiques pures, en précisant les avantages de ce choix au point de vue de la construction et de l'usage des Tables trigonométriques, et opposait enfin, à la difficulté de recommencer les calculs des fonctions circulaires pour la mise en pratique de la division centésimale du cercle entier, la facile transformation des Tables actuelles en Tables décimales basées sur la division centésimale du quadrant au moyen des Tables du cadastre de Prony. — M. Villarceau a maintenu la valeur des motifs de sa préférence pour le choix du cercle entier comme unité et a fait remarquer que le calcul des nouvelles Tables se réduirait à une interpolation des Tables existantes.

A la séance du 8 août, M. d'Abbadie, dans une communication *Sur la division décimale du quadrant*, a cité une lettre de M. Radau signalant M. Fœrster (de Berlin) comme partisan de la division décimale du quadrant et montrant les inconvénients de la division du cercle entier dans la pratique des calculs; puis une lettre de M. Airy, qui, bien que ne croyant pas à la possibilité de faire passer la division décimale de l'espace et du temps dans l'usage général, et considérant par suite le projet de réforme comme inefficace, constate qu'il a employé exclusivement la *division décimale du quadrant* dans ses *Réductions linéaires* (le plus grand Recueil de calculs entrepris en Astronomie); a rappelé enfin la facile adoption de la très majeure partie du Système métrique décimal et signalé l'exagération des objections que l'on oppose à l'usage d'une division contenue implicitement dans la définition légale du mètre.

On sait que la division du cercle en 400 grades est restée en pratique dans le service géographique du Ministère de la Guerre, où le C^el^ Perrier a fait récemment dresser, pour son emploi, des Tables logarithmiques des lignes trigonométriques à huit décimales et que cette division a été adoptée par le C^el^ Goulier tant dans son enseignement que pour la construction des instruments de topographie, lors de la réorganisation, à Fontainebleau, en 1871, de l'École d'application du Génie et de l'Artillerie.

L'adoption du principe de la graduation décimale, pour le tracé du canevas des Cartes et pour les travaux de géodésie, a été l'objet de discussions dans les Congrès de géographie et dans les conférences de l'Association géodésique internationale (*voir* la Notice B. g.).

Enfin la résolution II de la dernière conférence de cette Association, tenue à Rome en 1883 (*voir* la Notice B. k.) recommande d'étendre, en multipliant et perfectionnant les Tables nécessaires, l'application de la division décimale du quart de cercle et semble de plus accuser la prévision de l'abandon de la division sexagésimale.

L'application du principe de division décimale à la Mesure du temps est bien moins avancée; cependant, son désidératum a été l'objet de quelques manifestations, parmi lesquelles on peut citer d'abord la construction d'une horloge décimale, que l'on voyait vers 1850, dans l'établissement de Porro à Paris; ensuite l'exposition, en 1878, par M. Delacombe, d'une montre (qui appartient maintenant au Conservatoire des Arts et Métiers, G. b. 130) dans laquelle le tour de cadran correspond à la moitié du jour, comme dans les horloges duodécimales vulgaires.

Enfin, récemment, M. d'Abbadie, partisan de la division centésimale du quadrant, a muni son observatoire privé d'Abbadia (Basses-Pyrénées) d'une horloge donnant la mesure du temps, en concordance avec ce mode de division, qui a été exécutée par M. Collin, chez lequel une seconde horloge semblable est en montage.

q. Pour compléter l'aperçu de la situation, il faut ne pas passer sous silence les tentatives réactionnaires contre la propagation du Système métrique décimal.

On a prétendu et l'on prétend encore trouver, dans les dimensions de la grande Pyramide d'Égypte, les éléments d'un Système de Mesures basé sur l'observation des faits naturels, bien que cette idée, présentée par Paucton, dans sa *Métrologie* (1780), ait été démontrée sans fondement lors de l'expédition Française en Égypte; elle a été reprise, notamment, par M. Piazzi Smith, dont les recherches, préconisées dans le *Cosmos-les-Mondes*, par M. l'abbé Moigno, tendent à prouver que les Mesures Anglaises sont complètement d'accord avec les données de la Pyramide, d'où il résulterait naturellement que ce sont ces mesures et non celles du Système métrique décimal dont il faut poursuivre l'adoption générale. La confiance dans la valeur des Mesures usuelles Anglaises semblerait cependant devoir être au moins ébranlée par le souvenir du fait qu'a rappelé M. Faye, à l'Académie des Sciences, dans la séance du 27 août 1881, à propos de l'origine du *Statut Mile*, que les Anglais croyaient autrefois être la longueur de l'arc terrestre d'une minute, ayant probablement déduit sa valeur de celle du degré d'Ératosthène et de Ptolémée. L'erreur de $\frac{1}{6}$ environ, provenant aussi, probablement, d'une confusion entre les éléments du calcul d'Ératosthène, qui admettait pour le degré 700 stades de 600 pieds (de $0^{m}27$ environ), et ceux du calcul de Ptolémée, qui admettait 500 stades de 600 pieds philéthériens (de $0^{m},36$ environ), a failli étouffer dans son germe la découverte de l'attraction universelle, car Newton s'était servi du *mile* pour calculer le rayon de la Terre, et, n'ayant pas obtenu avec ce rayon la vérification mécanique de son idée maîtresse, crut devoir y renoncer et n'y revint que beaucoup plus tard lorsqu'il eut connaissance de la mesure du degré exécutée par Picard, dont le résultat lui fournit la vérification désirée.

r. En thèse générale, si grands services qu'aient rendus les anciennes formes des méthodes scientifiques, on ne doit jamais les considérer que comme des ébauches réclamant chaque jour des perfectionnements. Il en est, pour ces méthodes comme pour les procédés techniques. Le Système décimal des Mesures est aux systèmes anciens ce que les chemins de fer sont aux grandes routes, ce que la navigation à vapeur est à la navigation à voile. Son emploi devient aussi nécessaire que celui des nouveaux moyens de grande communication et est appelé à produire comparativement d'aussi grands avantages.

On est donc, somme toute, fondé à penser que le développement complémentaire du Système métrique décimal pourra suivre de près l'adoption tout à fait générale des parties qui sont déjà en pleine vigueur.

Mais, pour hâter l'accomplissement de la réforme entière, il importe de ne pas négliger l'occasion offerte par la Conférence internationale qui va se réunir à Washington le 1er octobre.

Au sein de ce pays nouveau, où l'on ne s'effraye d'aucune entreprise, où, en perfectionnant chaque jour les résultats de l'acquis le plus complet du passé, en innovant sans cesse, on sait accomplir les tâches les plus vastes avec une rapidité souvent merveilleuse; dans cette atmosphère du progrès ardent, du *go ahead*, il est bien à espérer que l'on n'hésitera pas à mettre hautement et pleinement à l'ordre du jour des délibérations internationales l'examen d'une réforme unificatrice tout à fait primordiale, dont la réalisation simplifiant tous les rapports à tous les points de vue, depuis le plus abstrait jusqu'au plus concret, augmenterait immensément la puissance des moyens d'évolution de l'humanité.

B. Institution du méridien initial et mesure absolue du temps.

a. Le côté historique de la question du Méridien initial peut être résumé d'abord de la manière suivante pour l'antiquité et le moyen âge.

Pythéas de Marseille, après la découverte qu'il fit (330 A. C.) de l'île de Thulé (Islande?), aurait proposé de mesurer le développement de la Terre en longitude, à partir de cette île, considérée non seulement comme la plus septentrionale, mais aussi comme la plus occidentale des terres connues.

Mais, en raison sans doute de ce que la position ne pouvait être précisée,

Dicéarque de Messine, disciple d'Aristote, qui vivait vers 300 A. C., avait adopté pour ses cartes un méridien, repère principal passant par l'île de Rhodes, au milieu même de la région la mieux connue.

Eratosthène (276 à 196 A. C.), qui fit la première mesure de la Terre et fut l'auteur de la première géographie systématique, prit ensuite (220 A. C.) comme méridien repère celui d'Alexandrie.

Strabon (premiers siècles A. C. et P. C.), dont le but dominant était la *description des pays connus* au point de vue physique, ethnographique, commercial et politique, n'a cependant pas mis de côté la géographie mathématique et a discuté les travaux d'Eratosthène en même temps que les observations critiques d'Hipparque sur ces travaux; mais, bien que, pour la détermination des rapports de position, il indique l'usage des coordonnées, se rattachant aux figures qu'il appelle *sphragides* (ce terme désigne sans doute les canevas produits par le croisement d'un certain nombre de méridiens et de parallèles), on ne voit pas dans la nouvelle traduction de M. A. Tardieu qu'il ait établi une graduation des longitudes. Admettant que toutes les terres connues sont comprises dans l'un des quarts de la surface du globe déterminés par l'équateur et un plan méridien, il se borne à mentionner les îles Fortunées comme les terres les plus occidentales à comprendre dans ce quart.

C'est à Marin de Tyr (qui vivait vers la fin du premier siècle P. C.) que l'on s'accorde à attribuer la graduation des longitudes à partir de ces îles, graduation qui a été ensuite adoptée par Ptolémée dans son Œuvre magistrale de Géographie.

b. Les Arabes ont compté les longitudes à partir de divers méridiens de positions assez incertaines, et surtout à partir de celui de la coupole d'Arine, ombilic de la Terre marqué par la Kaaba de la Mecque?

Au XIIe siècle, divers ouvrages mentionnent le méridien de Rome.

Le méridien des Tables Alphonsines (1250) est celui de Tolède.

c. Dans le XIVe et le XVe siècle, on aurait fait usage d'un méridien de Jérusalem. La *démarcation* des possessions Espagnoles et Portugaises, qui, fixée en 1493 par les bulles du pape Alexandre VI suivant une ligne méridienne passant à cent lieues des îles du Cap-Vert et des Açores, fut l'objet de la Convention de Saragosse (1529), est citée aussi comme Méridien initial. On a même voulu voir dans l'institution de cette ligne le germe de la manière de compter les longitudes de 0° à 180° à l'Est et à l'Ouest; mais cette méthode, dont l'emploi remonte à l'antiquité, n'a repris faveur que très récemment, et il est à remarquer que, sur le planisphère de la description des Indes occidentales, par Antonio de Herrera y Tordesillas (1662) : d'abord, la ligne de démarcation (placée d'ailleurs bien plus à l'ouest que ne l'indique sa définition, car elle passe à environ 360 lieues de l'île Saint-Antoine du groupe du Cap-Vert) étant tracée par le 31° point de la graduation marquée sur l'équateur (à l'embouchure du Para); ensuite, cette graduation (dont le 0° paraît correspondre au méridien de Ténériffe) court au delà de 186°, ne différant ainsi des graduations alors usitées de 0° à 360° que par le sens plus rationnel de sa progression de l'Est à l'Ouest.

d. Mercator (1512-1594), voulant se conformer à la tradition de Ptolémée et identifiant les Açores avec les îles Fortunées, a, sur son planisphère publié en

1569, gradué les longitudes (qu'il fait croître dans le sens de l'Est de 0° à 360°) à partir d'un méridien rasant l'île Sainte-Marie et entamant l'île Saint-Michel, méridien sur lequel il a placé les trois îles les plus orientales du groupe du Cap-Vert, donnant ainsi satisfaction à l'opinion qui identifiait les îles Fortunées avec ce groupe. Ce méridien coupait d'ailleurs, dans ses Cartes, l'Islande, appelée encore île de Thulé. Dans sa Mappemonde de 1587, que l'on trouve en tête de l'Atlas où fut réunie par le graveur-géographe Hondius (édition avec texte français dédiée au Dauphin 1607) la série des Cartes qu'il avait publiées isolément, de 1578 à 1582, le méridien 0 = 360° qui sépare les deux hémisphères coupe également Saint-Michel et Sainte-Marie, mais en laissant à l'Est toutes les îles du Cap-Vert. Dans le même Recueil, sur les Cartes d'Europe, d'Afrique et d'Amérique, construites par Mercator lui-même et achevées par ses fils, le méridien initial, éloigné de plus de 2° à l'est de celui qui coupe Saint-Michel, passe par les trois îles du Cap-Vert susmentionnées, comprenant Bonavista ou Bellavista, en portugais Boavista (25°16'48"O. de Paris), par le nom de laquelle il a été habituellement désigné. Mais sur les nouvelles Cartes d'Europe, d'Afrique et d'Amérique construites par Hondius, le méridien 0 = 360° passe au contraire dans le groupe des Açores, à environ 4° à l'ouest du méridien coupant Saint-Michel et à environ 1°30' à l'est de l'île de Corvo (33°28'9"O. de Paris), par le nom de laquelle il est désigné. Enfin, sur la Carte de l'Amérique méridionale, le méridien 0 = 360° passant encore plus à l'Ouest, entre l'île Saint-Paul et la côte du Brésil, paraît correspondre à la ligne de *démarcation* de 1493.

Ortélius (1527 à 1598) fait, comme Mercator, passer à la fois par les îles Saint-Michel et Boavista le méridien rectiligne 0° = 360°, axe du planisphère ovale par lequel débute la série de ses Cartes qui constitue le premier Atlas publié (1570). Dans les Cartes d'Afrique et d'Amérique du même Atlas, le méridien 0° = 360° est celui de Boavista.

A la fin du XVIe siècle et au début du XVIIe, on commença à faire usage : les Anglais, du méridien du cap Lizard ou de celui de Londres, et les Français, du méridien de Paris; tandis que les Hollandais, les Vénitiens, les Portugais et les Espagnols se servaient de méridiens divers.

e. En 1633, le méridien passant par la pointe la plus orientale de l'île de Fer fut adopté par le Congrès des savants français et étranger, que Richelieu avait réuni à Paris pour sortir de la confusion, et en 1634 Louis XIII ordonna de s'en servir exclusivement; mais, même en France, tous les géographes ne se conformèrent pas à cette règle, témoin la Mappemonde de Samson d'Abbeville (1651), dont le méridien initial est à l'ouest de l'île de Fer. Dans la Mappemonde de Doncker (antérieure à 1644), le méridien initial qui délimite les deux hémisphères passe à l'ouest des îles du Cap-Vert et au milieu des Açores. Dans les Mappemondes de Wischer (Piscator), de Pieter Goos et de Nicolosius (antérieures à 1650), il passe au milieu des Açores, entre Saint-Michel et Terceire. *C'est presque exactement la position adoptée dans le présent programme.*

Les déterminations précises de longitude étant impossibles à obtenir à cette époque, la fondation des Observatoires de Greenwich, en 1665, et de Paris, en 1672, fit prédominer l'usage des méridiens de ces observatoires jusqu'à ce que le P. Feuillet, envoyé en 1724 par l'Académie des Sciences pour déterminer la longitude exacte du point repère, ayant donné le chiffre de 19°55'3" à l'Ouest de Paris, on adopta, à l'exemple de Guillaume de l'Isle, le chiffre rond de 20°, et c'est avec ce chiffre que le méridien de l'île de Fer a été depuis ordinairement employé pour les Cartes générales par les différents peuples, à l'exception des Anglais.

f. Les assertions historiques qui précèdent, vérifiées et, au besoin, corrigées en consultant les Cartes originales (à la Bibliothèque Nationale où elles sont très bien classées), ont été pour la plupart indiquées par des documents récemment publiés en vue de la réforme d'unification et dont il paraît utile de donner ici un relevé bibliographique, obligeamment communiqué par le secrétariat de la Société de Géographie, pour suppléer à la brièveté des renseignements donnés sur le passé. Il convient d'ailleurs de mettre ce relevé au courant des propositions nouvelles et des observations auxquelles elles ont donné lieu.

« Proposition de prendre pour base de l'échelle des longitudes le méridien du détroit de Behring », abbé Rondon (*Bulletin de la Société de Géographie de Paris*, 1842). — « La ligne du quantième et le premier méridien », du même auteur (*Aix*, 1844). — « Sur la fixation du premier méridien », Roux de Rochelle (*B. S. G. P.*, 1845). — « Appel aux gouvernements d'Europe et d'Amérique pour le choix d'un premier méridien commun », visant des désidérata antérieurs de la Roquette, de Jomard, etc., et « Lettres sur le même sujet », A. Sédillot (*B. S. G. P.*, 1851 et 1860). — « Du premier méridien », Otto Struve (*B. S. G. de Russie*, 1870), traduit par Guido Boni Visconti (*B. S. G. P.*, 1875). — « Geschichte des Zeitalters der Entdeckungen », O. Peschel (*Berlin*, 1871). — « Programme d'un Système de Géographie », B. de Chancourtois (*Comptes rendus de l'Académie des Sciences* et *B. S. G. P.*, 1874). — « Le premier méridien et la Connaissance des temps », A. Germain (*B. S. G. P.*, 1875). — « Sur la fixation d'un premier méridien », A. Salomon, P. de Mortier et L.-H. de la Harpe (*Mémoires de la Société géographique de Genève*, 1875). — « Conférences sur les questions du premier méridien et de l'heure universelle », colonel Wouwermans (*B. S. G. d'Anvers*, 1876). — « Geschichte der Entdeckungen und Schifffahrten zur Magellan-Strasse », J. G. Kohl (*Berlin*, 1877). — « Conférence sur l'unification des travaux géographiques », B. de Chancourtois (*Compte rendu des congrès et des conférences du Trocadéro*, 1878). — « Die Geschichte des erstern Meridians und die Zahlung der geographischen Lange », Ernst Mayer (*Mittheilungen aus dem Gebiete des Seewesens*, Wien, 1878). — « Papers on time reckoning and the selection of a prime meridian to be common to all nation », Sandford Fleming (*Toronto*, 1879). — « Choix d'un méridien initial unique », Bouthilier de Beaumont (*Genève*, 1880). — « Sur le temps universel et sur le choix à cet effet d'un premier méridien », Otto Struve (*Rapport à l'Académie impériale des Sciences de Saint-Pétersbourg*, 1880). — « Synopsis of a paper on the meridian by B. de Beaumont », Berton, secretary, and Davidson president of the Geog. Soc. of the Pacific (*Proceeding*, 1880). — « Adoption d'un maître méridien international, la fixation de ce méridien servant d'unité pour la supputation du temps, suivant le projet présenté au Congrès de Géographie de Venise », Sandford Fleming, Londres, 1881). — « La question du premier méridien et de l'heure universelle », Wouwermans, et « Rapport sur ce Mémoire », de Boë et Delcourt (*B. S. G. d'Anvers*, 1880-1882). — « Le méridien unique et l'heure universelle », Delporte (*B. S. R. Belge* de Géographie, 1883). — « Il meridiano iniziale e l'ora universale », avec nombreuses Notes bibliographiques, F. Bosari (*l'Esplorazione di Napoli*, 1883), — « Le méridien universel », Girard (*Revue de Géographie de Drapeyron*, 1883). — « A questão do meridiano universal », d'Almeida (*Sociedade de Geographia de Lisboa*, 1883). — « Observations au sujet de la circulaire des États-Unis, concernant l'adoption d'un méridien initial commun et d'une heure universelle », et « Étude des questions de l'unification du méridien initial et de la mesure du temps, poursuivies au point de vue de l'adoption du système métrique décimal complet », B. de Chancourtois (*C. R. A. S.*, 1883). — « Unification des longitudes par l'adoption d'un méridien initial unique et introduction d'une heure universelle ». Extrait des comptes rendus de la septième conférence générale de l'Association géodésique internationale réunie à Rome en octobre 1883, rédigé par les secrétaires A. Hirsch et Th. v. Oppolzer (*publiée à Berlin par le Bureau central de l'Association géodésique internationale*). — « Sur l'heure universelle, proposée par la Conférence à Rome ». Note de M. Faye (*C. R. A. S.*, 3 *décembre* 1883). — « Sur les Mesures astronomiques », lettre de M. d'Abbadie contenant la proposition d'un méridien qui raserait à l'Ouest l'île Florès des Açores (*C. R. A. S.*, 25 août 1884). — « Sur l'heure universelle », Note de M. Caspari (*C. R. A. S.*, 25 août 1884).

Voir aussi les *Comptes rendus des Congrès des Sciences géographiques, tenus à Anvers en* 1871, *à Paris en* 1875 *et à Venise en* 1881.

A la simple inspection de ce relevé, on voit que la question de la régularisation internationale des canevas géographiques par l'adoption d'un méridien initial commun a été déjà agitée en France, de 1842 à 1851, et qu'on y a rattaché tout d'abord celle de la fixation de la date.

9. Mais c'est seulement à partir de la réunion à Anvers, en 1871, du premier Congrès des Sciences géographiques, que la préoccupation de la double question est devenue très générale dans les divers pays, par suite du grand développement des chemins de fer et surtout des lignes télégraphiques, et que les Mémoires spéciaux se sont multipliés.

A ce Congrès de 1871 on a reparlé de la division décimale du cercle.

Au deuxième Congrès, tenu à Paris en 1875, les mêmes questions ont été reprises et ont donné lieu, dans les groupes I, II et VI, à des discussions dont les conclusions ont été favorables au maintien du méridien de l'île de Fer.

L'auteur de la présente Notice avait produit, avec la première rédaction de son « Programme d'un Système de géographie », la proposition de reprendre le méridien initial de Ptolémée et de fixer sa position à l'Ouest de Saint-Michel des Açores, proposition développée dans la nouvelle rédaction (p. 16).

Dans le groupe IV, feu Henri de Longpérier, fils de l'éminent archéologue, avait, par la présentation d'un travail cartographique à grande échelle, appuyé la proposition d'un méridien passant par le détroit de Behring, en faisant valoir comme principale raison de son choix le fait curieux que le prolongement d'un tel méridien dans l'ancien monde se trouvait, dans la région méditerranéenne, correspondre à la distinction des domaines respectifs de l'empire d'Occident et de l'empire d'Orient.

L'application de la division décimale du cercle avait d'ailleurs été aussi traitée comme il est indiqué dans la Notice précédente.

Au troisième Congrès, réuni à Venise, en 1881, le questionnaire avait laissé de côté les trois sujets qui ont été pourtant traités incidemment dans le groupe I, et cet incident a eu pour résultat la prière adressée au Gouvernement Italien d'appeler sur la question l'attention des autres Gouvernements.

M. Bouthilier de Beaumont, reproduisant sa motion de 1880 en faveur d'un méridien du Pacifique, a proposé de préciser la position d'un tel méridien par la condition que son prolongement passât à Venise, mais il est à remarquer que le méridien lui-même passerait hors du détroit de Behring.

M. Sandford Fleming, délégué de l'Institut des Sciences du Canada et de la Société métrologique de l'Amérique, a produit, sous le titre : « *Adoption d'un Maître méridien* », un Mémoire où il donnait l'aperçu d'un projet en faveur dans le Canada et aux États-Unis, et terminait par des motions dont la circulaire du gouvernement des États-Unis semble bien être la conséquence.

h. Dans ce Mémoire, se trouve la proposition de diviser la surface du Globe en 24 fuseaux de 15°, dans chacun desquels on appliquerait uniformément l'heure du méridien moyen, et de le distinguer par des lettres (*voir* p. 56).

Ce système offre la généralisation, ou a été le principe, d'un procédé déjà employé en Amérique pour faciliter et régulariser l'appréciation des rapports de temps sur le trajet des chemins de fer transcontinentaux.

La différence des temps de San-Francisco et de New-York ou de Washington étant de plus de trois heures, on avait pensé à y distinguer les parcours dans quatre fuseaux de 15° désignés, le plus à l'ouest, par un P (Pacifique), le plus à l'est par un A (Atlantique) et les deux intermédiaires par un M (Montagnes) et un V (Vallées); on aurait alors remplacé sur les horloges l'aiguille simple des heures par quatre aiguilles solidaires espacées l'une de l'autre de $\frac{1}{12}$ du cadran, et portant les quatre lettres indicatives, de manière que toutes les aiguilles des minutes restant simples et de marche identique, on pût lire immédiatement sur l'horloge, pour un instant donné, l'heure propre à chaque fuseau, dans l'étendue duquel elle aurait été, bien entendu, uniformément imposée. On voit qu'il suffirait, pour généraliser le procédé, de remplacer l'aiguille multiple par une rondelle tournante, sur laquelle on ferait ressortir douze rayons index à doubles notations littérales.

Déjà, au Congrès des Sciences géographiques de 1875, à Paris, un globe avec 24 fuseaux, distingués par des lettres, avait été exposé par M. Enrico d'Italo, qui paraissait voir dans ce mode de désignation un moyen d'éluder la difficulté de la compétition des méridiens nationaux dans la question de l'institution d'un canevas international, et manifestait l'intention d'exposer le même globe en 1876, à Philadelphie. Tel a été peut-être le point de départ du développement de l'idée en Amérique.

A cette observation, il faut ajouter que, dans une Notice sur l'uniformité de l'heure que la *Revue scientifique* a publiée le 21 juillet 1883, M. Anquetin rappelle que, dès 1856, il avait proposé de prendre pour signes de l'heure les vingt-quatre lettres de l'alphabet, mais indique, en même temps, diverses raisons qui lui ont fait renoncer à préconiser cette méthode.

i. Par une lettre du 26 décembre 1882, le Ministre de l'Instruction publique, Président du Conseil, M. Jules Ferry, a informé l'Académie des Sciences qu'il venait de recevoir une circulaire du gouvernement des États-Unis, établissant que le Congrès avait invité le Président à convoquer toutes les nations à une conférence, en vue de l'adoption d'un méridien initial commun et d'une heure universelle; le Ministre priait l'Académie de lui donner son avis sur cette question.

Pour répondre à cette invitation, l'Académie a constitué une Commission composée des membres de la Section d'Astronomie et de la Section de Géographie et de Navigation, et, sur le Rapport de M. Faye, a émis, le 15 janvier 1883, l'avis que l'initiative prise par le Gouvernement des États-Unis devait être accueillie favorablement en France; qu'elle conseillait donc d'accepter la convocation projetée et d'envoyer au Congrès des représentants scientifiques des intérêts de l'Astronomie, de la Navigation et de la Physique, des services de Voies de communication et de la Télégraphie.

k. D'autre part, la Commission permanente de l'Association géodésique internationale, sur une demande qui lui a été adressée par la ville de Hambourg, a décidé qu'on s'occuperait de la double question dans la septième conférence générale de l'Association qui devait avoir lieu à Rome, en octobre 1883, et a chargé l'un de ses secrétaires, M. Hirsch (Directeur de l'Observatoire de Neuchâtel) de préparer un rapport.

La Commission a, en même temps, invité à prendre part à la réunion divers savants de la plus haute compétence et, en particulier, les astronomes chargés des publications d'éphémérides.

D'après l'extrait du compte rendu de la Conférence mentionné ci-dessus, les délibérations ont abouti à neuf résolutions formulées de la manière suivante :

« La septième Conférence générale de l'Association géodésique internationale réunie à Rome, à laquelle ont pris part des représentants de la Grande-Bretagne, ainsi que les directeurs des principales éphémérides astronomiques et nautiques, et un délégué du *Coast and Geodetic Survey* des États-Unis, après avoir délibéré sur l'unification des longitudes par l'adoption d'un méridien initial unique, et sur l'unification des heures par l'adoption d'une heure universelle, a pris les résolutions suivantes :

» I. L'unification des longitudes et des heures est désirable, autant dans l'intérêt des Sciences que dans celui de la navigation, du commerce et des communications internationales; l'utilité scientifique et pratique de cette réforme dépasse de beaucoup les sacrifices de travail et les difficultés d'accommodation qu'elle entraînerait. Elle doit donc être recommandée aux gouvernements de tous les États intéressés, pour être organisée et consacrée par une convention internationale, afin que désormais un même système de longitude soit employé dans tous les Instituts et Bureaux géodésiques, du moins pour les Cartes géographiques et hydrographiques générales, ainsi que dans toutes les Éphémérides astronomiques et nautiques, à l'exception des données pour lesquelles il convient de conserver un méridien local, comme pour les

Éphémérides de passage, ou de celles qu'il faut indiquer en heure locale, comme les établissements de port, etc.

» II. Malgré les grands avantages que l'introduction générale de la division décimale du quart du cercle, dans les expressions des coordonnées géographiques et géodésiques, et dans les expressions horaires correspondantes, est destinée à réaliser pour les Sciences et pour les applications, il convient, par des considérations éminemment pratiques, d'en faire abstraction dans la grande mesure d'unification proposée dans la première résolution.

» Cependant, pour donner en même temps satisfaction à des considérations scientifiques très sérieuses, la Conférence recommande, à cette occasion, d'étendre, en mutipliant et en perfectionnant les Tables nécessaires, l'application de la division décimale du quart du cercle, du moins pour les grandes opérations de calculs numériques, pour lesquels elle présente des avantages incontestables, même si l'on veut conserver l'ancienne division sexagésimale pour les observations, pour les Cartes, la navigation, etc.

» III. La Conférence propose aux Gouvernements de choisir pour méridien initial celui de Greenwich, défini par le milieu des piliers de l'instrument méridien de l'observatoire de Greenwich, parce que ce méridien remplit, comme point de départ des longitudes, toutes les conditions voulues par la Science, et que, étant déjà actuellement le plus répandu de tous, il offre le plus de chances d'être généralement accepté.

» IV. Il convient de compter les longitudes à partir du méridien de Greenwich dans la seule direction de l'Ouest à l'Est.

» V. La Conférence reconnaît pour certains besoins scientifiques et pour le service interne des grandes administrations des voies de communication, telles que chemins de fer, lignes de bateaux à vapeur, télégraphes et postes, l'utilité d'adopter une heure universelle, à côté des heures locales ou nationales, qui continueront nécessairement à être employées dans la vie civile.

» VI. La Conférence recommande, comme point de départ de l'heure universelle et des dates cosmopolites, le midi moyen de Greenwich, qui coïncide avec l'instant de minuit ou avec le commencement du jour civil sous le méridien situé à 12^h ou à $180°$ de Greenwich.

» Il convient de compter les heures universelles de 0^h à 24^h.

» VII. Il est à désirer que les États qui, pour adhérer à l'unification des longitudes et des heures, doivent changer de méridien, introduisent le nouveau système de longitudes et d'heures le plus tôt possible.

» Il importe également que le nouveau système soit introduit sans retard dans l'enseignement.

» VIII. La Conférence espère que si le monde entier s'accorde sur l'unification des longitudes et des heures, en acceptant le méridien de Greenwich comme point de départ, la Grande-Bretagne trouvera, dans ce fait, un motif de plus pour faire, de son côté, un nouveau pas en faveur de l'unification des poids et mesures, en adhérant à la Convention du Mètre du 20 mai 1875.

» IX. Ces résolutions seront portées à la connaissance des Gouvernements et recommandées à leur bienveillante considération, en leur exprimant le vœu qu'une convention internationale, consacrant l'unification des longitudes et des heures, soit conclue le plus tôt possible par les soins d'une Conférence spéciale, telle que le Gouvernement des États-Unis l'a proposée. »

Ces résolutions ont été l'objet de la Communication susmentionnée de M. Faye à l'Académie des Sciences, 1883).

Elles donnent lieu de faire les observations suivantes :

Parmi les causes qui leur ont acquis la majorité des votes, prédomine évidemment le désir d'arriver à une solution susceptible de la plus facile acceptation et d'une application immédiate, en préconisant les pratiques les plus généralement suivies. C'est ainsi que l'on a proposé le méridien de Greenwich comme méridien initial d'usage universel, simplement parce que les Cartes dont les canevas sont fixés par ce méridien et les éphémérides qui lui correspondent sont aujourd'hui les plus répandues. C'est ainsi que l'on propose de faire procéder la graduation des longitudes de l'Ouest à l'Est simplement, semble-t-il, parce qu'elle progresse alors dans le sens habituel de l'écriture, tandis que l'autre sens paraît bien préférable au point de vue de l'usage de cette graduation pour la comparaison des temps. (*voir* p. 45.)

Le choix du Méridien de Greenwich s'était d'ailleurs trouvé comme pronostiqué par une sorte d'évolution opérée dans la Cartographie Allemande.

Après les travaux de Alexandre de Humboldt, poursuivis et publiés à Paris, de 1804 à 1827 (même pendant la guerre de 1806), et dans lesquels il s'était toujours conformé aux usages scientifiques Français, on avait continué en Allemagne à employer pour les Cartes géographiques générales le Méridien de l'île de Fer, fixé à 20° exactement de celui de Paris ou ce Méridien lui-même. Mais depuis que Petermann, après avoir collaboré avec Keith Johnston à l'Office géographique d'Édimbourg, en a rapporté les traditions à l'Office de Justus Perthes à Gotha, l'usage du Méridien de Greenwich a gagné chaque jour du terrain dans les productions de ce dernier Office, auquel la publication des *Mittheilungen* et de l'*Atlas de Stieler* ont très justement donné le plus grand crédit. Dans les *Mittheilungen*, les documents d'origine Anglaise, qui sont les plus nombreux, ont été naturellement reproduits avec le canevas des originaux. L'*Atlas de Stieler* montre encore, avec la date de 1880, les canevas dressés sur les Méridiens de Paris ou de l'île de Fer dans les Cartes de l'Europe, de la Région méditerranéenne, de la France, de l'Italie, de l'Espagne, de la Suisse et du sud-ouest de l'Allemagne et même de l'Angleterre (qui se rattache aux précédentes), mais dans les Cartes des autres pays, sauf dans quelques-unes non encore refaites et dans les planisphères, les canevas sont, en général, dressés sur le Méridien de Greenwich, et la graduation à partir des Méridiens de Paris ou de l'île de Fer ne figure plus qu'en seconde ligne dans les cadres.

A ne poursuivre que le but limité à la comparaison des heures, on comprend que la préférence ait pu être donnée provisoirement au méridien de l'Observatoire de Greenwich, parce que c'est à lui que se rapportent le plus grand nombre de déterminations directes de longitudes et aussi parce que les Cartes nautiques construites en le prenant comme méridien initial sont les plus répandues. Mais une *date* se compose du *quantième* et de l'*heure* qui n'est que l'appoint, et, ne pouvant proposer de faire sur un méridien d'observatoire la correction du quantième nécessaire pour régulariser l'application du calendrier, on tourne l'impossibilité en proposant de généraliser l'usage de la marine Anglaise qui fait cette correction sur l'antiméridien de Greenwich, tandis que la séparation des deux mesures d'ordre est manifestement contraire au but d'unification que l'on poursuit, car, dans ce but, il importe évidemment que la correction se fasse sur le méridien où se comptera le temps prototype.

L'ensemble des résolutions que la Conférence recommande aux divers Gouvernements et qui peut se résumer en ces termes : l'*homologation pure et simple des pratiques Anglaises,* loin de poser les bases des règles les plus avantageuses pour l'avenir, ne constitue à vrai dire qu'une sorte d'*expédient*, propre à tirer momentanément d'embarras pour les transports par chemins de fer et les communications télégraphiques, si tant est que l'on soit réellement embarrassé.

L'expédient serait d'ailleurs inefficace, et le public ne tirerait pas facilement parti, pour les comparaisons de dates locales des conventions recommandées, puisque, d'après la Communication sus-mentionnée de M. Faye, la formule, pour déduire de la date locale la date en temps universel, donnée par le rapport préliminaire qui a proposé les résolutions, n'est pas elle-même satisfaisante.

Heureusement, la deuxième résolution établit bien, pour les résolutions suivantes, ce caractère d'expédient momentané, en même temps qu'elle accuse par la recommandation relative à la mesure décimale des angles, le besoin de règles rationnelles et véritablement simplificatives, dont la préoccupation ne pouvait manquer de se manifester dans une réunion de savants aussi éminents.

(Les délégués des États associés, qui ont pris part à cette Conférence étaient MM. le Pr Bauernfeind (Bavière); le Majr Hennequin (Belgique); Faye, le Cel Perrier, Y. Villarceau, le Ct Bassot (France); G. Rümker (Hambourg); le le Dr Nell (Hesse); Betocchi, le Cel de Stefanis. le Cel Ferrero, Fergola, Lorenzoni, le Comt Magnaghi, le Majr Gal Mayo, Oberholtzer, Respighi, Schiavoni, Schiaparelli (Italie); le Pr Van de Sande-Bachuysen, le Pr Shols (Pays-Bas); le Pr Fearnley (Norwège); le Pr V. Oppolzer, le Capne V. Kalmar, le Majr Hartl (Autriche); le Pr von Helmholz, le Pr Fischer (Prusse); le Majr Gal V. Barozzi (Roumanie); le Gal V. Forsch (Russie); le Gal Ibañez, le Cel Barraguer (Espagne); le Pr Hirsch (Suisse). Avaient de plus siégé, à titre de délégués spéciaux, MM. Christie, le Cel Clarke (Grande-Bretagne); le Gal Cutts (États-Unis d'Amérique); à titre d'invités par la Commission permanente, MM. le Pr Förster, Directr de l'Obsre de Berlin), Lœwy (de l'Obsre de Paris), le Comt Puyacõn (Directr de l'Obsre de San-Fernando); à titre d'invités par la Commission géodésique, MM. d'Atri, Barratieri, Barilari, Battaglini, Blaserna, Capellini, Caporali, Cannizaro, Cerutti, Cremona, Garbolino, Giacomelli, Giordano, Govi, Holbig, Lasagna, di Leggo, Malvolti, Pisati, Prosperi, Pucci, Rosalba, de Rossi, G. Sella, Tacchini, della Vedova; le Gouvernement italien et la ville de Rome, qui recevaient le Congrès, étaient représentés par quatre Ministres : MM. Bacelli, Magliani, le Gal Ferrero, Gianuzzi-Savelli, le Cel Pelloux, Secrétre Gal du Ministre de la Guerre, et Placidi, syndic.

Bien chimérique est l'espoir de voir la Grande-Bretagne adhérer à la Convention du Mètre, où il n'est d'ailleurs question que d'une partie du Système métrique décimal. Les Anglais ne semblent pouvoir arriver à adopter complètement ce système que par la force des choses.

Le désir de produire une entente internationale ne doit pas faire oublier qu'une telle entente n'est souhaitable que pour la réalisation d'une réforme faisant sortir de toutes les ornières du passé et ouvrant pour l'avenir la plus large voie au progrès.

L'adoption du Système métrique décimal a, au plus haut degré, ce caractère : elle rend seulement hommage à la toute-puissance des principes philosophiques les plus certains.

L'adoption du Méridien de Greenwich, à titre de base d'une régularisation universelle, n'est pour ainsi dire que l'engagement de suivre l'ornière la plus profonde. N'étant motivée par aucune considération scientifique, elle est, comme le dit au fond la rédaction de la résolution, un hommage au simple fait d'une prépondérance actuellement acquise dans la navigation.

Les deux adoptions sont donc bien loin d'être du même ordre et l'idée d'en faire les termes d'une sorte de transaction, si tant est que ce mot puisse être employé en pareille matière, est rationnellement inadmissible.

Le Gouvernement des États-Unis, ayant annoncé la convocation de la Conférence internationale à Washington, pour le 1er octobre 1884, l'Académie des Sciences a été de nouveau consultée, et, dans la séance du 25 février, M. Faye a fait connaître que la question de l'heure commune, intéressant à la fois les Ministères des Postes et Télégraphes, de la Marine, de la Guerre, des Travaux publics, et du Commerce ainsi que de l'administration des Chemins de fer, la Commission académique demandait à être complétée par l'adjonction de membres de ces divers Départements.

1. Déférant à ce vœu, le Ministre de l'Instruction publique, M. Fallières, par un arrêté en date du 1er août 1884, a adjoint à la Commission académique des fonctionnaires désignés par les Ministres des départements intéressés et a constitué définitivement, avec la composition suivante, la Commission chargée de préparer les résolutions à porter au nom de la France devant la Conférence internationale de Washington relativement aux questions de l'unification des longitudes par l'adoption d'un premier méridien unique et de l'introduction d'une heure universelle :

Président : M. Faye, de l'Académie des Sciences, président du Bureau des Longitudes; *Membres* : MM. d'Abbadie, de l'Académie des Sciences et du Bureau des Longitudes; Blavier, directeur de l'École supérieure de Télégraphie, délégué du Ministère des Postes et Télégraphes; Bouquet de la Grye, ingénieur hydrographe de 1re classe, de l'Académie des Sciences; Cabel, directeur ingénieur des Télégraphes; Caspari, Ingénieur hydrographe de 2e classe, délégué du Ministère de la Marine (qui a rempli les fonctions de Secrétaire rapporteur); B. de Chancourtois, inspecteur général des Mines, professeur de géologie à l'École des Mines, délégué du Ministère des Travaux publics; Charmes, directeur du Secrétariat au Ministère de l'Instruction publique, suppléé par M. Billotte, chef de Bureau; Clavery, Ministre plénipotentiaire, directeur des Affaires Commerciales et Consulaires, délégué du Ministère des Affaires étrangères; Dupuy de Lôme, de l'Académie des Sciences; le Cel Goulier, Conservateur du Dépôt central des instruments de précision, délégué du Ministère de la Guerre; Janssen, de l'Académie des Sciences et du Bureau des Longitudes, directeur de l'Observatoire de Meudon ; le vice-amiral Jurien de la Gravière, de l'Académie des Sciences ; le colonel du Génie Laussedat, directeur du Conservatoire des Arts et Métiers, délégué du Ministère du Commerce ; Ferdinand de Lesseps, de l'Académie des Sciences ; Lœwy, de l'Académie des Sciences et du Bureau des Longitudes ; le contre-amiral Mouchez, de l'Académie des Sciences et du Bureau des Longitudes, directeur de l'Observatoire ; Noblemaire, Ingénieur en chef des Mines, directeur des Chemins de fer de Paris à Lyon et à la Méditerranée ; le vice-amiral Pâris, de l'Académie des Sciences et du Bureau des Longitudes ; le Cel Perrier, de l'Académie des Sciences et du Bureau des Longitudes, chef du Service géographique de la Guerre ; Tisserand, de l'Académie des Sciences et du Bureau des Longitudes ; Wolf, de l'Académie des Sciences.

Un projet d'instructions appuyé d'un rapport a été arrêté dans la dernière séance du 20 août.

m. Il est permis d'espérer que le projet formulé sur l'emplacement du Capitole de Rome, dont le souvenir est assurément des plus imposants, mais symbolise au premier chef l'idée de prétention à la domination universelle n'empêchera pas de produire au Capitole de Washington une convention digne du lieu où les principes modernes du développement de la civilisation par la liberté ont reçu une première consécration politique si hautement justifiée par ses résultats en progrès de tout ordre.

PROGRAMME RAISONNÉ

D'UN

SYSTÈME DE GÉOGRAPHIE

La description et l'explication des objets qui ont figuré à l'Exposition universelle de 1878 et qui sont conservés à l'École des Mines sont données par les passages, en petits textes, insérés avec la rubrique *Exp.* et par quelques renvois de détail au fur et à mesure de la mention des objets dans le texte courant.

PREMIÈRE PARTIE.

I. — Canevas géodésique. — Roses d'orientation.

1. Le canevas, formé par les méridiens et les parallèles, qui sert de base à tout système de Géographie, est, dans le Système proposé, un *canevas décimal* correspondant à la *graduation décimale du cercle*, dont l'unité courante est le *grade*, centième partie du *quadrant*, unité naturelle principale.

Cette graduation est, on le sait, la donnée fondamentale du *Système métrique décimal* (¹), et sa vulgarisation a été hautement inaugurée, pour l'Astronomie, par Laplace. On sait aussi que les Ingénieurs géographes l'ont adoptée pour la construction de la carte de France, et que les services de l'État-major et du Génie en ont conservé ou introduit l'usage, ce qui, pour la généralisation de son emploi, constitue un point de départ de la valeur la plus sérieuse.

2. A l'avantage considérable d'écarter les chances d'erreur

(¹) *Voir* la Notice historique A sur l'institution du Système (p. XXI).

par inadvertance que multiplie le jeu des parties aliquotes sexagésimales de l'ancien mode de division, elle joint celui de diminuer le nombre des opérations arithmétiques qu'exigent usuellement les solutions des questions géographiques du ressort de l'Astronomie.

La pratique géodésique a d'ailleurs montré qu'avec cette graduation décimale on économise un tiers du temps employé avec la graduation duodécimale, soit dans les observations, soit dans les calculs trigonométriques.

Le rappel de telles conditions semblerait devoir dispenser de justifier par d'autres commentaires le choix fait ici pour le canevas.

3. Mais on a proposé récemment un autre mode de graduation décimale dans lequel la division centésimale, au lieu d'être appliquée au quadrant, porterait sur le cercle entier.

Il y a donc matière à discuter sur ce point.

Le principal objet de cette nouvelle proposition, motivée surtout au point de vue astronomique, est de faire concorder avec une rotation entière de la Terre, c'est-à-dire avec le jour sidéral pris comme unité de temps, l'unité angulaire, qui serait alors le cercle, c'est-à-dire l'angle décrit par le rayon revenu à sa position initiale, et, par suite, les arguments de la discussion se rattachent en partie à la question de la mesure décimale du temps qui sera traitée plus loin.

Mais, bien que la construction du canevas géographique dépende de l'Astronomie, il semble que, pour la détermination du système de ce canevas, on doit nécessairement se placer au point de vue dominant de l'accord avec les principes généraux de la Géométrie, accord dont la réalisation ne peut manquer d'apporter les plus grandes facilités dans l'ensemble des applications.

Or, à ce premier point de vue, on est fondé à maintenir la préférence à la division centésimale du quadrant par les raisons suivantes ([1]).

([1]) *Voir*, pour le détail des arguments dans les deux sens, aux *Comptes rendus des séances de l'Académie des Sciences* des 23 mai, 16, 17, 27 juin et 8 août 1870,

C'est sur la considération des angles droits que repose toute la Géométrie; car, de même que la pratique du *trait carré* préside à toutes ses applications, de même, la notion de l'*angle droit* est le principe, non seulement de la théorie élémentaire, mais des théories transcendantes où se développe

---

les Communications de MM. d'Abbadie, Wolf (de Zurich), Yvon Villarceau, Hoüel avec citations de MM. Radau, Fœrster (de Berlin), Airy, dont un résumé est donné dans la Notice historique A sur l'institution, la propagation et les développements du Système métrique décimal (p. XLII).

Dans la séance du 23 mai, M. d'Abbadie, en indiquant le quadrant ou le quart de la circonférence comme l'unité d'angle ou d'arc imposée par la nature des choses, recommandait, pour les subdivisions décimales successives, les dénominations proposées par M. Hoüel avec les notations méthodiques que le Tableau suivant met en regard des notations du Dépôt de la guerre et des valeurs en degrés, minutes et secondes.

prime	$= 1^{\mathrm{I}}$	$= 0^{q},1$	$= 10$ grades	$(10^{g} = 9^{\circ})$,
seconde	$= 1^{\mathrm{II}}$	$= 0^{q},01$	$= 1$ grade	$(1^{g} = 54')$,
tierce	$= 1^{\mathrm{III}}$	$= 0^{q},001$	$= 0^{g},1$	$(10^{\backslash} = 5'24'')$,
quarte	$= 1^{\mathrm{IV}}$	$= 0^{q},0001$	$= 0^{g},01$	$(1^{\backslash} = 32'',4)$.
quinte	$= 1^{\mathrm{V}}$	$= 0^{q},00001$	$= 0^{g},001$	$(10^{\backslash\backslash} = 3'',24)$.
au besoin sixte	$= 1^{\mathrm{VI}}$	$= 0^{q},000001$	$= 0^{g},0001$	$(1^{\backslash\backslash} = 0'',324)$,
et la septime	$= 1^{\mathrm{VII}}$	$= 0^{q},0000001$	$= 0^{g},00001$ [mètre]	$(0^{\backslash\backslash},1 = 0'',0324)$,

et a proposé le maintien du terme *grade* pour la seconde, mais en excluant des termes minute et seconde ordinairement appliqués à la deuxième et à la quatrième décimale du grade, de manière à prévenir toute confusion entre les mesures de l'ancien et du nouveau système.

Voir aussi, dans les *Comptes rendus des séances du Congrès international des Sciences géographiques de* 1875 à Paris, publiés en 1878, aux séances du groupe I des 2 et 3 août et à la séance des groupes I (G. mathématique), II (Hydrographie) et VI (G. didactique) réunis le 6 août, la discussion sur la question de la division décimale du cercle à laquelle ont pris part, sous les présidences de MM. Ricci, Otto Struve, Lefèvre et Laussedat, MM. Villarceau, d'Abbadie, Goulier, Perrier, de Chancourtois, Hugo, Mouchez, Villemereuil, Ploix, Bouquet de la Grye, Guyesse, Germain, etc.

Voir encore les communications de M. Perrier et les observations auxquelles elles ont donné lieu dans les *Comptes rendus des Conférences de l'Association géodésique internationale*, notamment en 1875.

On peut joindre aux considérations présentées dans ces divers documents l'observation que la graduation centésimale du quadrant réduirait de sept à quatre les opérations nécessaires pour déduire des éléments offerts par les Tables les ascensions droites et les déclinaisons des astres à un moment donné. La graduation centésimale du cercle entier supprimerait encore une opération; mais il faut faire remarquer que toutes les simplifications résultant, comme cette dernière, de la disparition du facteur 4, seraient en partie compensées par la complication plus grande des soustractions nécessaires pour la détermination des angles supplémentaires et complémentaires.

Enfin il importe de constater que Le Verrier a fait intervenir la division du cercle en 400 grades dans la construction de ses Tables des planètes supérieures (*Annales de l'Observatoire*, 1876).

la conception des imaginaires, inséparable de celle du carré ou de la condition de perpendicularité.

C'est, d'autre part, dans le quadrant que s'accomplissent les variations totales des lignes trigonométriques en valeur absolue et les changements de signes de ces lignes correspondent au passage d'un quadrant au suivant.

L'angle droit n'est donc pas un angle entre autres. Son rôle en Géométrie a un caractère aussi élémentaire que les rôles de la ligne droite et du cercle, du plan et de la sphère, entre lesquels il établit des corrélations primordiales, et, par suite, il importe que sa valeur soit représentée dans la notation décimale par une unité d'un certain ordre.

4. La graduation classique, où le quadrant est représenté par 100^G, étant adoptée conformément à cette conclusion, il reste à déterminer la mesure de son application continue et le sens dans lequel elle doit courir, tant sur l'équateur et les parallèles que sur les méridiens, pour apporter le maximum de netteté et de simplicité dans les comptes des longitudes et des latitudes ou dans les notations comparatives des cercles géodésiques.

A l'égard des *longitudes*, le mode de double graduation en sens inverse par hémisphère, à l'Est et à l'Ouest du méridien o, étant une source de confusion et n'offrant que des inconvénients sans compensation, on ne saurait hésiter à y renoncer pour prendre la graduation simple et directement continue de 0^G à 400^G.

Les notations des méridiens qui résultent de cette dernière ont, sur celles qui résulteraient de la division centésimale du cercle entier comme sur les notations duodécimales actuelles, les avantages très importants d'accuser, par le chiffre des centaines augmenté d'une unité, le numéro du quadrant de l'équateur où prend pied un méridien géographique, c'est-à-dire un demi-méridien géométrique donné, et de faire reconnaître à première vue les deux moitiés d'un même méridien géométrique, pour lesquelles les chiffres des centaines diffèrent de 2 et tous les autres chiffres des deux notations sont identiques. Ainsi on voit immédiatement que le méridien géographique $227^G,38546$ est dans le troisième quart de la sphère, et a pour prolongement ou anti-méridien géographique celui de $27^G,38546$, qui est dans le premier quart.

Quant au sens de l'accroissement des longitudes, on peut être disposé, au premier abord, à choisir celui de l'Ouest à l'Est, qui est le sens de la lecture sur les cartes. Mais, si l'on veut satisfaire au desideratum des astronomes, dans ce qu'il a de fondé, on doit faire procéder la graduation de l'Est à l'Ouest, de manière que les angles croissent avec le temps mesuré par la rotation apparente de la sphère céleste.

C'est donc, en résumé, la *graduation de l'Équateur de* 0^G *à* 400^G, *procédant de l'Est à l'Ouest*, qui est adoptée dans le présent programme, pour les longitudes.

On reviendra plus loin (p. 27 à 30), en s'occupant de la mesure du temps, sur la considération de la proportionnalité des mesures de temps et de longitudes d'après laquelle on vient de fixer le sens de la graduation de celles-ci, et l'on réfutera alors l'argument en faveur du maintien de la division du cercle en 360°, qui est précisément tiré de cette considération.

A l'égard des *latitudes*, il semble au contraire douteux que l'on doive abandonner le mode de double graduation, en sens inverse par hémisphère, au Nord et au Sud, à partir de l'Équateur; car, indépendamment de sa concordance avec la symétrie des conditions physiques, ce mode offre certainement des avantages sous le rapport géométrique, par exemple pour la détermination de l'antipode d'un point donné.

Cependant les inconvénients des confusions faites facilement entre les latitudes Nord et Sud, surtout dans le voisinage de l'Équateur, ont paru assez grands pour que l'on ait construit, dans le système duodécimal, des Tables astronomiques avec une graduation continue procédant du pôle Nord, marqué 0°, au pôle Sud marqué 180° ([1]). Il y a donc lieu d'examiner

([1]) Par exemple : *the Catalogue of Stars of the British Association.*

s'il convient d'introduire le même mode dans l'application du système décimal à la graduation des latitudes, et l'on est porté à l'affirmative quand on réfléchit que l'Équateur resterait très nettement distingué par la notation 100^G, et que la distance au pôle dans l'hémisphère Sud serait donnée par le simple calcul d'un complément à 200.

C'est donc, pour les latitudes, *la graduation simple et directement continue du pôle Nord, marqué* 0^G, *au pôle Sud, marqué* 200^G, que l'on adoptera ici, sans toutefois la préconiser d'une manière absolue.

Exp. Les graduations des globes et des cartes spécimens, qui avaient été établies en 1875, pour les longitudes, en procédant continûment, mais de l'Ouest à l'Est, et pour les latitudes, à partir de l'Équateur, avaient été, faute de temps, reproduites telles quelles à l'Exposition de 1878; mais elles sont rétablies conformément aux conventions ci-dessus formulées.

5. Dans tous les figurés du système proposé, le tracé des méridiens et des parallèles serait exécuté en *ponctué décimal*, c'est-à-dire par points espacés d'une unité décimale.

Cette disposition a pour objet de faciliter la détermination d'un point par ses coordonnées géographiques, et de mettre à portée de toute région, par la graduation des méridiens, une échelle des distances dans le Système métrique décimal.

Exp. — La carte du globe dite *Octo-planisphère*, établie pour l'étude des faits d'alignements, qui figure accessoirement dans l'exposition de l'auteur du programme (¹), présente ce genre de tracé, quoiqu'elle soit dressée sur le canevas duodécimal ordinaire, les points y étant espacés d'un degré sur les méridiens et les parallèles figurés seulement de 10 en 10.

On pourrait aussi tracer en lignes très fines les méridiens et les parallèles espacés de la plus petite unité décimale que comporterait l'échelle de la carte, de manière à constituer une sorte de fond quadrillé dont on ferait distinguer les points

(¹) Cette Carte (demi grand-aigle), éditée par M. Bertaux, est accompagnée d'une feuille de texte expliquant son usage, d'une planche jumelle pour les constructions d'application, d'une épure du Réseau pentagonal et d'un rapporteur de *transition* à double graduation duodécimale et décimale.

d'intersection de 10 en 10 par de petites croix obtenues en renforçant légèrement de part et d'autre les traits du quadrillage.

Il est important de faire remarquer que l'on *ajouterait* facilement sur les planches gravées existantes le figuré des méridiens et des parallèles décimaux, réalisé ainsi par des points ou des croix. Un tel figuré ne produirait aucune confusion; car il se distinguerait nettement du tracé des méridiens et des parallèles duodécimaux exécuté en trait continu, et avec cette addition tout le matériel ancien serait utilisé à titre transitoire.

6. Au sujet de la simplification apportée dans le mesurage des distances géographiques par l'application générale de la graduation décimale classique en Géodésie, il ne faut pas passer sous silence les observations critiques présentées souvent comme argument contre l'adoption du nouveau système.

On soutient qu'il est inutile de mettre la division du cercle en rapport avec le Système métrique décimal parce que la justesse de ce rapport est sensiblement infirmée : d'abord en principe, par la variation de la longueur du grade géodésique de latitude, c'est-à-dire de l'arc du méridien compris entre deux points dont les verticales font entre elles un angle zénithal d'un grade, puisque l'aplatissement polaire fait augmenter notablement cette longueur de l'Équateur au Pôle ; et ensuite par le fait que, d'après les nouvelles opérations géodésiques, la longueur du mètre étalon se trouve un peu moindre que la dix-millionième partie du quart du méridien.

Mais, pour réfuter complètement ce genre d'objection, il suffit de constater que les corrections à faire subir aux évaluations des distances obtenues par l'échelle méridienne établie en grades moyens sont graphiquement insensibles sur les cartes comme sur les globes ([5]).

([5]) Les longueurs du grade au Pôle et à l'Équateur ne différant en plus et en moins de la longueur moyenne qui correspond à 100000^m que d'environ 500^m, on voit que, sur un globe réduit au dix-millionième ou de 4 mètres de tour, c'est-à-dire de dimension déjà peu usitée, cette différence se trouvera représentée par 0^m,00005 et que l'équi-

Il est d'ailleurs évident que la nécessité de corrections pour la détermination d'une distance rigoureusement exacte ne détruirait pas l'utilité d'une première approximation donnée par la graduation uniforme du méridien et que ces corrections seraient en tout cas bien moins compliquées que celles qu'exigent les résultats des divers artifices par lesquels on cherche à dissimuler la déformation nécessairement produite dans la représentation d'une figure sphérique par une figure plane et à rendre acceptable pour une région étendue l'usage d'une échelle uniforme.

7. L'adoption d'une graduation décimale du cercle pour la détermination des méridiens et des parallèles implique celle du même système pour l'évaluation des *angles azimutaux* en Géodésie, et par suite pour toutes les déterminations de *directions* ou d'*orientations* qui sont obtenues ou utilisées, au moyen des roses, des boussoles et des rapporteurs, dans la Navigation, les travaux de Topographie, les Études stratigraphiques, etc.

---

distance des parallèles ne sera pas sensiblement modifiée. On voit, par suite, que la variation du grade sera également insensible sur toute Carte donnant, avec un coefficient de réduction, principal ou moyen, tout au plus égal, une représentation limitée de la surface entière du globe, et, à plus forte raison, sur une Carte régionale où l'effet de l'augmentation du coefficient de réduction est compensé par la diminution des plus grandes distances directement mesurables.

Il est d'ailleurs à noter que, encore aujourd'hui, on ne tient pas toujours compte de la variation dans la construction des canevas, même pour les Cartes nautiques, où l'exagération des distances en latitude vers les pôles rend cette variation graphiquement importante, ce qui prouve que l'équidistance des parallèles, maintenue comme principe de construction, satisfait aux exigences de la pratique.

Quant à l'erreur provenant de la différence du mètre étalon et de la dix-millionième partie du quart de cercle, on sait que cette différence est d'environ deux dixièmes de millimètre ($0^m,0002$). Par conséquent, la différence d'évaluation d'une distance, qui sur un globe de 4 mètres de tour serait déjà difficilement appréciable, puisque pour une circonférence entière elle serait représentée par environ deux tiers de millimètre, se trouverait tout à fait insensible pour les plus grandes distances mesurées sur les Cartes, dont les feuilles ne peuvent guère dépasser 1 mètre.

M. Faye, dans son *Traité d'Astronomie* (Ch. XX, Système métrique), après avoir expliqué que la définition légale du mètre est la longueur de l'étalon en platine des Archives, s'exprime ainsi : « A quoi l'on doit ajouter, à titre de renseignement précieux, que cette longueur est à très peu près la dix-millionième partie du quart du méridien et qu'on peut l'employer comme telle, sans erreur sensible, dans toutes les applications à la Géographie et à la Navigation. »

Les motifs de la préférence accordée à la graduation décimale classique seront donc puissamment corroborés par l'indication des avantages réalisés dans ces dernières déterminations du caractère le plus usuel.

Or la graduation continue, où les *points cardinaux*, Nord, Est, Sud, Ouest, sont notés 0^G, 100^G, 200^G, 300^G, $400^G = 0^G$, satisfait très heureusement aux exigences des différents usages.

En effet, d'un côté, on tend maintenant à s'accorder pour définir scientifiquement une direction azimutale par l'angle de cette direction et du méridien compté en s'écartant du méridien à partir du Nord par l'Est, dans le sens du mouvement des aiguilles d'une montre, angle que l'on peut appeler *orientement* pour le distinguer des autres angles d'orientation comptés à partir des autres points cardinaux; or cet orientement est exprimé par la notation même ou par la notation diminuée de 200^G, si, l'angle observé étant plus grand que deux droits, on n'a pas à s'occuper du sens de la direction. D'un autre côté, il est commode, sinon indispensable, dans beaucoup d'applications, et surtout lorsqu'il ne s'agit que d'évaluations approximatives, de se servir de l'angle d'orientation compté à partir du point cardinal le plus voisin; et cet angle se déduit de la notation par la simple suppression du chiffre des centaines ou par le complément à 100 du nombre restant, s'il est plus grand que 50^G ou un demi-droit.

Il n'est pas inutile de faire remarquer que le sens de rotation suivant lequel procède la graduation employée pour les orientations est, à bien prendre, géométriquement le même que le sens suivant lequel procède la graduation proposée pour les longitudes; car, pour définir ce dernier, l'observateur, conformément aux conventions générales, doit être supposé placé dans l'axe de la Terre, les pieds sur le plan de l'Équateur et la tête du côté du Pôle Nord.

II. — Méridien initial, origine des longitudes.

8. Les inconvénients que présente, aux points de vue scientifique et technique, la multiplicité des méridiens d'observatoires à partir desquels plusieurs peuples tiennent à honneur de compter les longitudes, et les avantages qu'assurerait l'*unification du méridien initial* sont bien connus des astronomes, des géodésiens et des navigateurs, qui s'en montrent cependant pour la plupart médiocrement préoccupés. Plusieurs autorités, même, n'hésitaient pas encore récemment à écarter toute motion tendant à cette unification; ce que l'on conçoit d'ailleurs facilement, puisque les simples corrections par différence que nécessite l'état de choses actuel n'ajoutent aux difficultés de leurs calculs qu'un détail insignifiant.

Aussi, quoique, pour l'art de la navigation, l'unification du Méridien initial offre une assez grande importance, puisque, par exemple, le rapprochement d'une carte Anglaise et d'une carte Française peut donner lieu à une confusion susceptible de causer un naufrage, c'est surtout au point de vue des usages les plus vulgaires qu'il convient d'insister ici sur les motifs de la réforme et sur les conditions de sa meilleure réalisation.

9. Mais il faut avant tout écarter une condition, objet ordinaire de la première, sinon de l'unique préoccupation des personnes qui abordent la question sans réflexion préalable, celle de jalonner le méridien initial par un point souverainement remarquable, soit sous le rapport de la configuration géographique, comme une cime de montagne ou une pointe de cap, soit sous le rapport historique, comme le lieu de l'événement caractéristique d'une ère, point que l'on pense aussi devoir et pouvoir être précisé par un repère monumental.

Les moindres études de géographie mathématique font comprendre qu'il ne saurait y avoir, en fait de longitude, d'autre repère primordial que le plan dans lequel tourne l'axe optique de la lunette méridienne d'un observatoire et que, quelle que soit la position du méridien adopté comme initial, il sera nécessaire et suffisant qu'elle soit définie théoriquement par les angles de longitude qui la séparent des méridiens des observatoires réputés les meilleurs au point de vue de l'installation et de l'usage des instruments, comme aussi le plus à l'abri des causes de perturbation ou de destruction naturelles ou artificielles.

C'est ainsi que depuis longtemps on fixe théoriquement à 20° à l'ouest du méridien de l'Observatoire de Paris la position du méridien dit de l'île de Fer, qui passe ainsi hors de l'île dont il conserve le nom, mais qui avait d'abord été défini comme devant la raser (lorsqu'il fut institué, en 1634, à Paris, par suite des délibérations de la Conférence à laquelle le cardinal de Richelieu avait appelé les savants de tous les pays, ouvrant ainsi la voie des ententes scientifiques; il est particulièrement à propos de le rappeler ici).

Ceci posé, on arrive immédiatement à ne plus pouvoir songer comme position matériellement jalonnée qu'à celle du méridien de l'un des principaux observatoires nationaux.

Mais l'adoption d'un tel méridien comme méridien initial d'usage universel aurait beaucoup d'inconvénients.

Le passage du méridien o dans le milieu d'un pays est un embarras pour la description géographique de ce pays. L'obligation de distinguer des longitudes orientales et occidentales, entre lesquelles la moindre inadvertance amène des confusions, est peut-être un des principaux obstacles qui s'opposent à la vulgarisation de la connaissance des coordonnées géographiques. Or c'est seulement à l'aide de ces coordonnées que l'on peut rendre, à la fois, les détails de la Géographie *certains* et leur connaissance *immédiatement accessible*.

Tout le monde apprécie l'utilité de la division d'un plan de ville en colonnes verticales et en bandes horizontales numérotées, au moyen desquelles on retrouve les positions des édifices; et, si le canevas géodésique composé de méridiens et de parallèles gradués offre en plus toutes les ressources de la précision, son usage pour retrouver la position d'une localité sur une carte n'en a pas moins le même caractère d'utilité pratique qui serait bientôt journellement mis à profit si le numérotage des fuseaux procédait continûment d'un bout à l'autre de tout canevas de carte comme dans tout quadrillage de plan.

A ne considérer qu'un seul pays, il suffirait à la vérité d'adopter la graduation continue dans un seul sens pour y faire disparaître l'embarras de la confusion des longitudes orientales et occidentales; mais, si le méridien o change d'un pays à un autre, l'appréciation par les coordonnées géographiques des positions relatives de deux localités appartenant à deux pays différents exige la prise en considération de l'écart en longitude des deux méridiens o, ce qui suffit pour reléguer ce mode d'appréciation en dehors de l'usage courant.

Or déjà beaucoup de peuples, à l'exemple de ceux qui se disputent l'honneur de faire passer par leur capitale le méridien origine des longitudes pour l'usage universel, établissent des cartes de leur territoire dans lesquelles les longitudes sont numérotées à partir du méridien de l'observatoire national. La multiplicité des méridiens o, préconisée d'ailleurs par les hydrographes lorsqu'ils n'envisagent que la question de leurs levés de détail, tend donc à s'accroître rapidement.

La solution de la difficulté pour l'usage le plus vulgaire, solution d'ailleurs conforme aux intérêts scientifiques et techniques considérés au point de vue le plus général, est donc évidemment donnée par la graduation continue des longitudes *à partir d'un méridien unique;* et, de plus, on ne peut manquer de reconnaître que si, sous le rapport descriptif, il est possible, avec la graduation continue, d'adopter un méridien de trajet terrestre sans réel inconvénient, il est cependant préférable d'éviter le contraste des nombres d'un seul chiffre et des nombres de trois chiffres que présentent alors nécessairement les notations dans les pays traversés, en choisissant comme méridien initial un méridien qui, à défaut de trajet complètement maritime, condition irréalisable, approche au moins le plus possible de cette condition.

Pour se conformer à cette dernière indication, on trouve d'ailleurs, dans les considérations concernant la mesure du temps qui seront exposées plus loin (p. 46) avec les développements que comporte le cadre de la présente étude, une raison majeure qui doit être invoquée ici par anticipation. La régularisation de la mesure du temps ayant pour élément essentiel la régularisation de l'application du calendrier, et, celle-ci exigeant que le quantième de la date soit changé lorsque l'on passe d'un côté à l'autre d'un certain méridien, il est très désirable, sinon absolument indispensable, que le changement soit effectué sur le méridien initial, condition incompatible avec le passage de ce méridien par un pays habité.

On voit, en résumé, qu'à tous les points de vue il y a lieu de réagir contre le particularisme.

Malheureusement, chez les peuples comme chez les individus, les vanités peuvent être d'autant plus tenaces qu'elles sont plus onéreuses. Aussi, loin d'espérer que de simples raisons d'intérêt bien entendu pourraient déterminer l'abandon de prétentions invétérées, il semble qu'on ne devrait pas songer à proposer l'adoption d'un méridien initial commun, si sa position, par cela même qu'il ne toucherait que des terres peu ou point habitables, n'offrait un moyen véritablement efficace d'arriver à une entente générale, en dégageant la question de la compétition des amours-propres nationaux.

Heureusement, par contre, la question a pris un caractère de nécessité reconnue et d'urgence par suite des progrès des moyens rapides de communication qui obligent à régulariser l'estimation des rapports des temps mesurés dans les divers pays, cette régularisation dépendant forcément du mode de graduation des longitudes, et elle va être enfin l'objet de délibérations internationales officielles ([a]).

([a]) Par suite de la circulaire du gouvernement des *États-Unis* provoquant une conférence pour l'unification du méridien initial et de la mesure du temps qui a été communiquée à l'Académie des Sciences par M. le Ministre de l'Instruction publique dans la séance du 2 janvier 1883.

Il est donc tout à fait opportun aujourd'hui de reproduire les propositions qui, encore en 1881, ne semblaient pouvoir être motivées que par l'éventualité lointaine d'une refonte générale de la cartographie à opérer dans tous les pays par suite de l'adoption de la graduation décimale du cercle.

La perspective d'une prompte unification du méridien initial ne rend d'ailleurs que plus nécessaire de poursuivre l'étude de la question en vue de la même éventualité; car la solution, bien qu'indépendante en principe du mode de graduation des longitudes dont elle doit seulement fixer l'origine, peut au moins tenir compte des résultats acquis en France dans la voie de la complète systématisation décimale des mesures, de manière que ces résultats restent utiles lorsque la systématisation sera universellement réalisée; mais si, pour cette raison, c'est avec la graduation décimale que l'on va préciser dans la présente étude les repérages auxquels on s'arrêtera, les considérations et les indications qui précèdent et qui vont suivre n'en restent pas moins pleinement valables, quant à la position approximative du méridien initial; cela va de soi, cependant la remarque n'est pas inutile pour le cas, malheureusement fort possible, où le choix devrait être discuté en dehors de toute prévision concernant la systématisation décimale.

10. Afin de faciliter l'examen comparatif des deux candidatures qui subsistent seules, si l'on admet la condition du trajet aussi maritime que possible, on joint au présent exposé quatre cartes, accompagnées d'une légende explicative, qui ont été dressées pour l'étude de la question de l'unification du Méridien initial et de la mesure du temps, poursuivie au point de vue de l'adoption du système décimal complet.

Avant d'aborder cet examen, il faut encore appeler l'attention sur une conséquence du choix à faire qui, pour n'intéresser qu'un point de cartographie vulgaire, n'en mérite pas moins d'être prise en considération de la manière la plus sérieuse, car le point est capital.

Il est d'usage de construire les mappemondes en délimitant

ÉTUDE DE LA QUESTION

DE

L'UNIFICATION DU MÉRIDIEN INITIAL ET DE LA MESURE DU TEMPS,

POURSUIVIE AU POINT DE VUE DE L'ADOPTION

DU

SYSTÈME DÉCIMAL COMPLET

PAR

M. BÉGUYER DE CHANCOURTOIS.

Cartes esquissées par M. G. Parquet et reproduites par la Phototypographie.

Légende.

I. **Planisphère** indiquant les méridiens qui se recommandent à divers titres pour le choix du méridien initial : l'un A, dans l'Atlantique, passant près de Saint-Michel des Açores, voisin de l'ancien méridien de Ptolémée; l'autre P, dans le Pacifique, passant par le détroit de Behring et ne coupant que l'île Saint-Laurent.

Sur cette Carte (dans laquelle la longueur de l'équateur est réduite au 200000000^e) les tracés en trait continu des méridiens et des parallèles et les notations placées en haut et à droite du cadre se rapportent au système duodécimal généralement en usage; ces notations marquent les longitudes de 15 en 15 degrés, comptées à l'est et à l'ouest du Méridien dit de l'île de Fer, pris à 20 degrés à l'ouest du Méridien de Paris, et les latitudes également de 15 en 15 degrés comptées à partir de l'équateur.

Le Méridien A, placé à $28°31'48'' = 31^G,7$ du Méridien de Paris, soit à $8°31'48'' = 9^G,47777$ du Méridien de l'île de Fer, son prolongement A' dans l'hémisphère opposé, et les deux Méridiens géographiques a et a' situés dans un même plan perpendiculaire à celui des deux premiers, qui divisent le globe en 4 fuseaux d'un quadrant, sont figurés en tracé mixte à longs traits —.—.—. et leurs notations, de 100 en 100 grades, placées au bas de la Carte en première ligne se rapportent au système décimal, les longitudes croissant de droite à gauche dans le sens du mouvement apparent du Soleil.

Le Méridien P, placé à $171°16'12'' = 190^G,3$ à l'ouest du Méridien de Paris, soit à $151°16'12'' = 168^G,07777$ du Méridien de l'île de Fer, son prolongement P' dans l'hémisphère opposé et les deux Méridiens p et p' situés dans un même plan perpendiculaire à celui des deux premiers sont figurés en tracé mixte à traits courts -.-.-.-. et leurs notations, placées au bas de la Carte, en seconde ligne, se rapportent également au système décimal.

Les latitudes notées de 50 en 50 grades dans le cadre à gauche sont comptées comme croissant continûment, du pôle boréal noté 0^G à l'équateur noté 100^G et au pôle boréal noté 200^G.

Les chiffres romains, placés en haut et en dehors du cadre, en tête des méridiens figurés, marquent pour chacun l'heure qui correspond à son midi ou à son minuit en temps mesuré sur le Méridien initial.

Les chiffres arabes, placés en dessous et en dehors du cadre, au pied des méridiens 400 = 0, 300, 200 et 100 grades expriment la même correspondance, en dixièmes de quart de jour, que l'on pourrait appeler *chrones*, numérotés par les chiffres arabes plus petits qui correspondent aux Méridiens de décagrade en décagrade.

La dernière ligne indique l'application d'une manière de désigner méthodiquement par des lettres les *fuseaux* consécutifs de dix grades, en vue de l'unification de la mesure décimale du temps. Les séries de lettres grasses et maigres correspondent respectivement à la nuit et au jour.

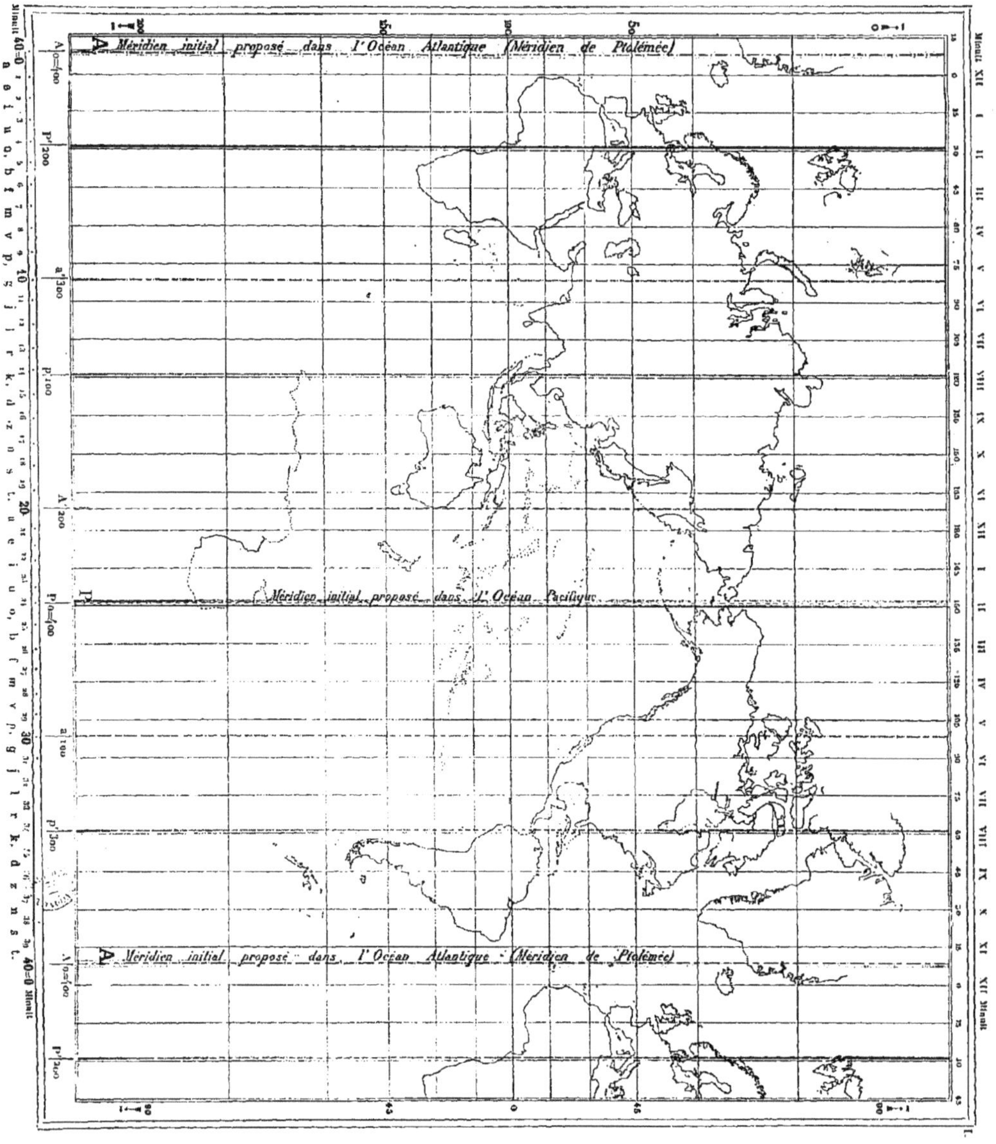
A Méridien initial proposé dans l'Océan Atlantique (Méridien de Ptolémée)
P Méridien initial proposé dans l'Océan Pacifique
A Méridien initial proposé dans l'Océan Atlantique (Méridien de Ptolémée)

PLANCHE (S) EN .2.
PRISES DE VUE

ÉTUDE DE LA QUESTION DE L'UNIFICATION DU MÉRIDIEN INITIAL ET DE LA MESURE DU TEMPS.

(*Suite de la légende des Cartes.*)

II, III, IV, Cartes de détail des parages de l'Islande et des Açores traversés par le méridien A et des parages du détroit de Behring traversés par le Méridien P.

Sur ces Cartes, pour la construction desquelles la longueur de l'équateur est réduite au 10000000e, la graduation duodécimale n'est que rappelée en haut et à droite du cadre par les amorces des Méridiens et des parallèles de 10 en 10 minutes (II et III) ou de 15 en 15 minutes (IV), et par les notations de degré en degré qui permettent de faire facilement, pour la comparaison avec les Cartes à grande échelle, le tracé de tous les Méridiens et de tous les parallèles. Ce tracé est effectué seulement ici en trait continu pour les lignes notées avec des dizaines de degrés, les longitudes étant comptées comme sur le planisphère, à partir du Méridien de l'île de Fer.

Les Méridiens et les parallèles, tracés en traits discontinus ----, se rapportent au système de graduation décimale et sont espacés de grade en grade.

Les longitudes et les latitudes de ces Méridiens et de ces parallèles sont notées également de grade en grade, sur le côté inférieur et le côté gauche du cadre de chaque Carte, suivant la même méthode que pour le planisphère.

On a de plus figuré en ponctué fin ...... les méridiens de décigrade en décigrade dans les fuseaux d'un grade qui flanquent le Méridien initial, pour faciliter l'appréciation des rapports de position de ce Méridien et des terres voisines ou traversées.

II et III. Cartes des parages de l'Islande et des Açores,
traversés par le Méridien A.

II.

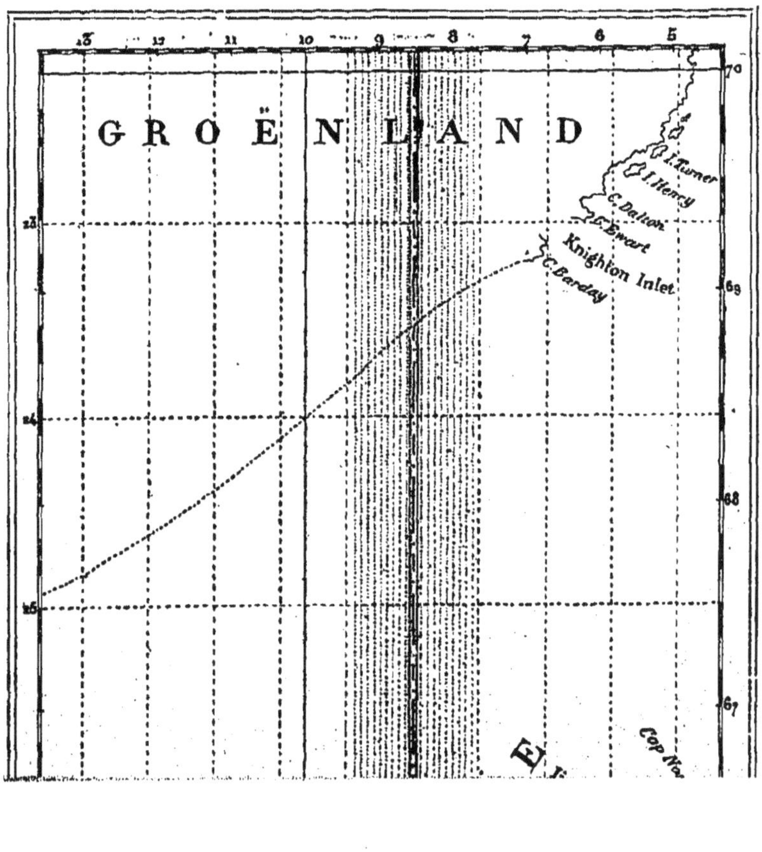

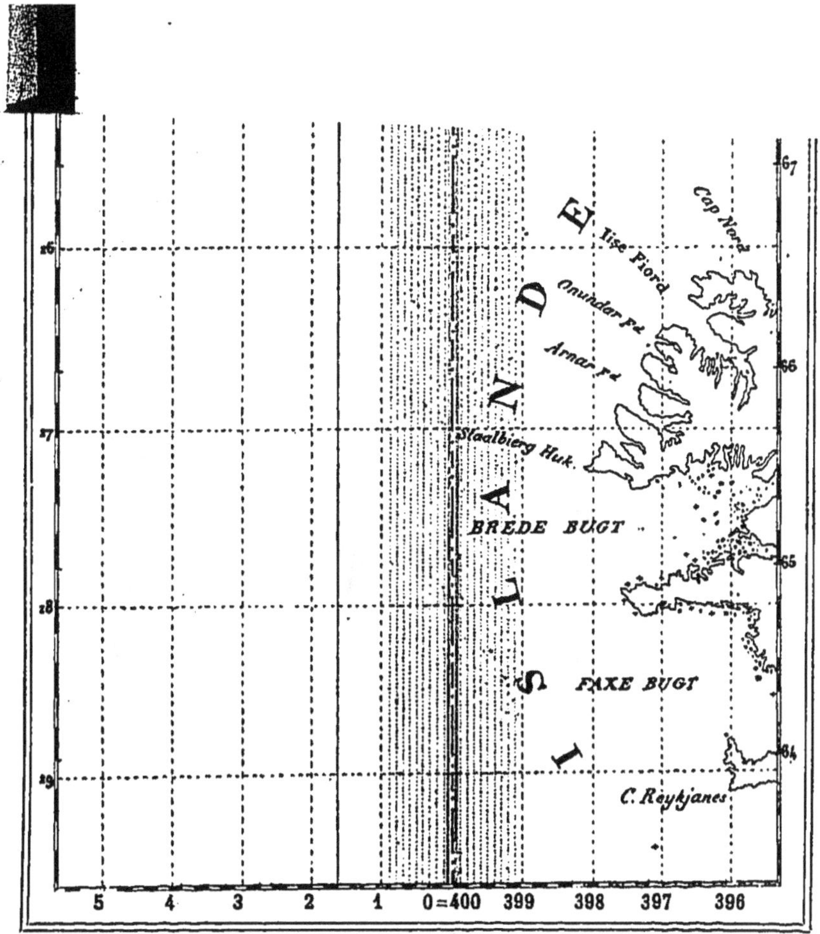
ISLANDE
Cap Nord
Ilse Fiord
Onunder Fd
Arnar Fd
Staalbierg Huk
BREDE BUGT
FAXE BUGT
C. Reykjanes
67
66
65
64
26
27
28
29
5
4
3
2
1
0=400
399
398
397
396

III.

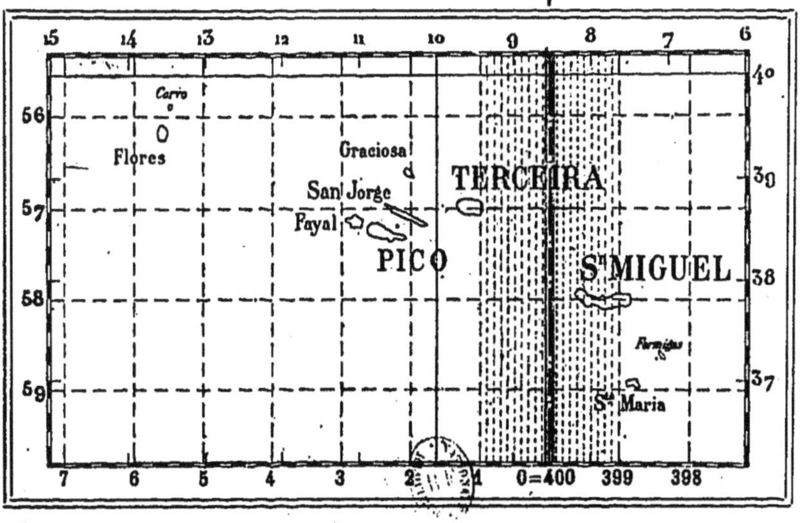
Corvo
Flores
Graciosa
TERCEIRA
San Jorge
Fayal
PICO
St MIGUEL
Formigas
Sta Maria
15
14
13
12
11
10
9
8
7
6
40
39
38
37
56
57
58
59
7
6
5
4
3
2
1
0=400
399
398

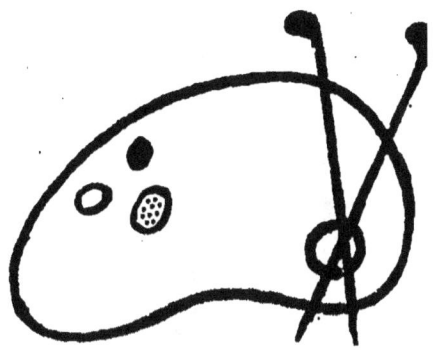

ÉTUDE DE LA QUESTION DE L'UNIFICATION DU MÉRIDIEN INITIAL ET DE LA MESURE DU TEMPS.

IV. Carte des parages du détroit de Behring, traversés par le Méridien P.

IV.

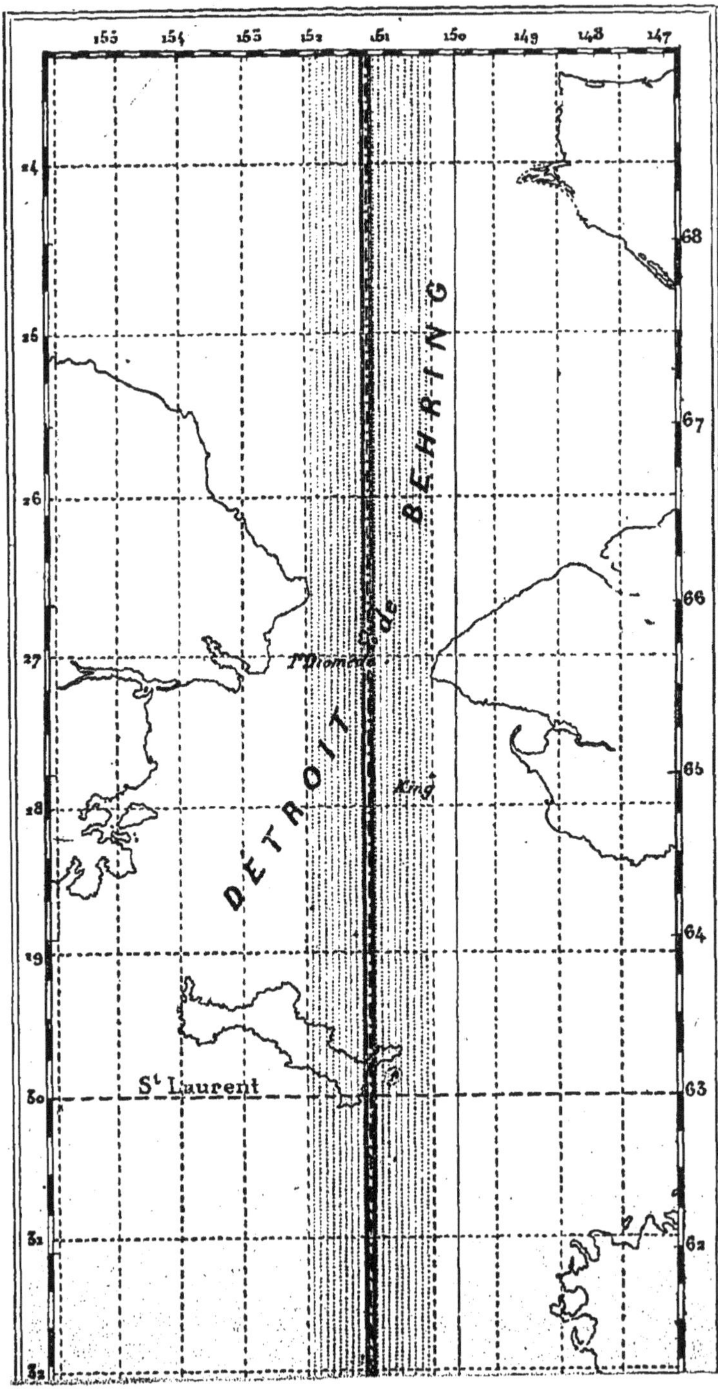

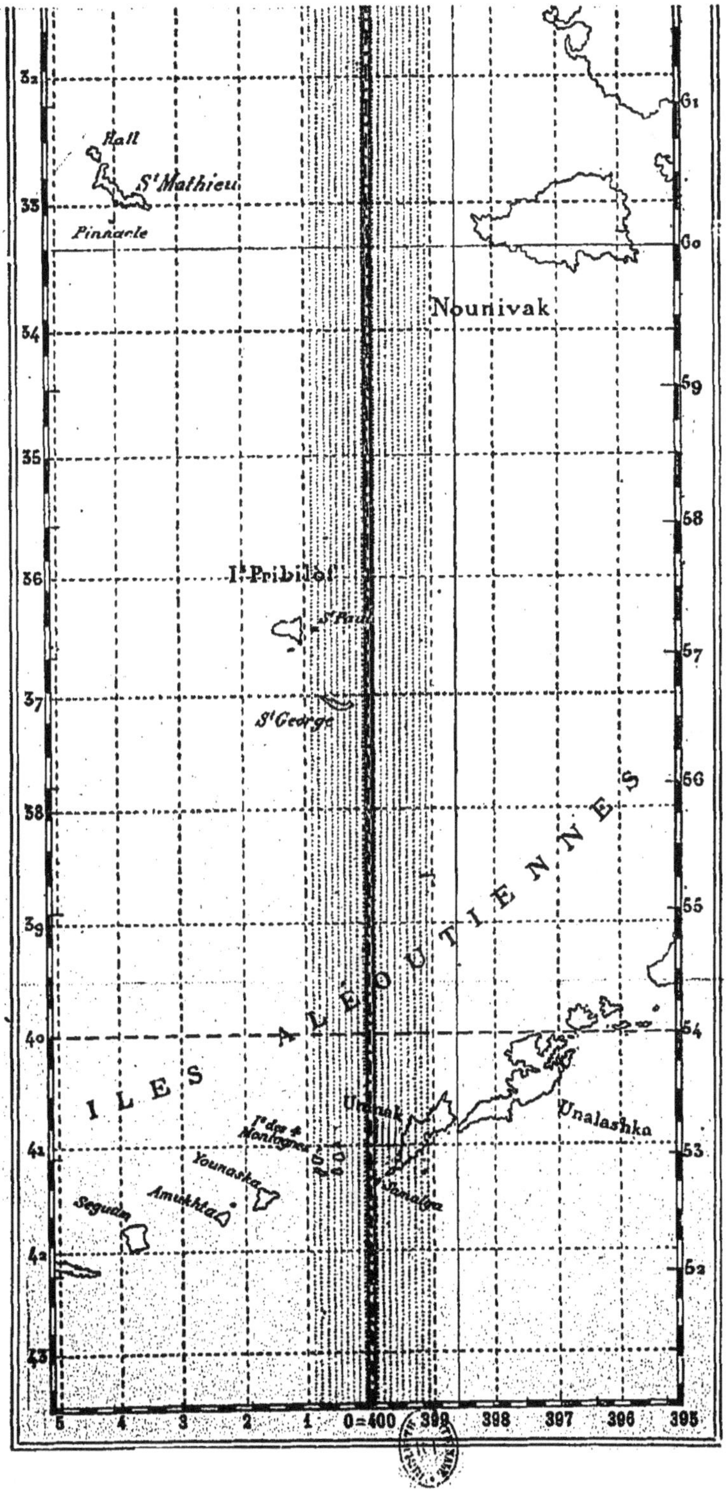
Hall
St Mathieu
Pinnacle
Nounivak
Is Pribilof
St George
ILES ALÉOUTIENNES
Unalashka
Younaska
Amukhta
Seguam
0=400
399
398
397
396
395

les deux hémisphères par le méridien géométrique, situé à 20°, à l'Ouest, soit de celui de Paris, soit de celui de Greenwich (le premier n'est autre que le méridien dit de l'île de Fer, encore assez en faveur comme Méridien initial), de telle façon que les méridiens équidistants de 10° en 10° se succèdent symétriquement, dans chacun des cercles où sont représentées les projections stéréographiques ou les transformations des deux hémisphères, de part et d'autre du diamètre figurant le méridien situé à 90° de celui qui limite la projection. Il est à noter de plus que, dans un atlas méthodique, on devrait comprendre une mappemonde formée des deux projections exécutées sur le plan de ce dernier méridien, comme on comprend déjà souvent une mappemonde formée des deux projections exécutées sur le plan de l'Équateur.

On ne saurait admettre, pour l'usage courant, une disposition qui ne serait pas au moins aussi satisfaisante sous le rapport de la distribution des continents dans les deux mappemondes méridiennes ou qui ne permettrait pas d'y noter en nombres ronds de dizaines les méridiens du canevas symétrique.

Il importe donc d'avoir égard, dans le choix du Méridien initial, à la manière dont les configurations géographiques seront distribuées dans les quatre fuseaux, d'un quadrant chacun, déterminés sur le sphéroïde par les méridiens

$$0° = 360° = 0^G = 400^G,\quad 90° = 100^G,\quad 180° = 200^G,\quad 270° = 300^G.$$

11. C'est d'après ces diverses considérations qu'a été posée avec quelque confiance ([7]) la candidature d'un méridien qui semble le successeur désigné du méridien de l'île de Fer, ou dont l'adoption ne serait, pour mieux dire, que la restauration du méridien choisi originairement par Ptolémée ([8]), presque exactement dans la position que lui assignèrent

---

([7]) Dans une Communication à la Société de Géographie (séance du 6 février 1874).

([8]) A 60° d'Alexandrie, d'après la traduction d'un Mémoire russe de M. Otto Struve, donnée par M. Guidoboni Visconti à la Société de Géographie, le 8 mai 1874.

Mercator et Ortelius lorsque, mettant de côté le système de la coupole d'Arine ([9]) institué par les Arabes, ils commencèrent l'édifice de la cartographie moderne ([10]).

Ce méridien, passant dans le groupe des Açores, à environ 28° 30′ = 31^G,66666 à l'Ouest de celui de Paris, pourrait être appelé *méridien de Saint-Michel*, mais il serait seulement voisin de l'île qu'il ne devrait pas couper, ne fût-ce que pour conserver dans toute sa pureté son *caractère international*. Le groupe des Açores remplirait à l'égard de la ligne fictive le rôle d'un quinconce de bouées d'approche.

Le méridien dit de Saint-Michel a, sur le méridien de l'île de Fer, l'avantage de ne pas entamer l'Islande et de laisser également à l'est tout le groupe des îles du cap Vert, dépendance naturelle de l'Afrique; il ne rencontre que la partie la plus inaccessible du Groenland.

Son prolongement dans l'hémisphère opposé a, de même, sur le prolongement du méridien de l'île de Fer, l'avantage de ne pas couper le Kamtchatka. Il ne traverse la Sibérie que dans sa partie la plus reculée, au nord de la mer d'Okhotsk. Après avoir cheminé dans la partie la plus clair-semée de l'archipel des Kuriles et laissé à l'ouest toutes les îles que l'on peut appeler Asiatiques, il passe très près de l'Australie, mais sans toucher le continent et même sans en détacher aucune dépendance insulaire naturelle.

Le méridien proposé est donc celui qui, avec son prolongement, sépare le plus nettement les deux hémisphères de l'ancien et du nouveau monde et les deux méridiens qui en sont éloignés d'un quadrant coupent heureusement ces deux hémisphères; l'un, après avoir divisé régulièrement le triangle de la mer Indo-Arabique, traversant l'Asie à l'est de la mer d'Aral dans des régions désertes ou au moins peu civilisées; l'autre, qui aborde le continent Américain à l'ouest de la pres-

---

([9]) Voir la motion de M. Sédillot et les citations ou communications y relatives insérées dans le *Bulletin de la Société de Géographie* de mars 1851

([10]) *Voir* la Notice historique B sur l'institution du Méridien initial (p. XLV).

qu'ile Californienne, traversant ensuite les régions également peu ou point habitables du Névada et de l'Idaho.

Exp. — Le planisphère du cadre n° 2 met ces faits en évidence.

La position exacte du Méridien international serait fixée théoriquement, comme il a été indiqué ci-dessus, par la détermination de sa distance en longitude des principaux observatoires.

Le nouveau méridien devrait être à très peu plus de $28^{\circ}30' = 31^{G},36666$ de celui de Paris, pour que son prolongement n'entame pas l'Australie.

L'angle exact de $28^{\circ}30'$ a cet avantage que la fraction de sa mesure est à période simple, et avec cet angle, d'après le sens adopté pour la progression des longitudes, le méridien de Paris se trouverait alors noté

$$400^{G} - 31^{G},66666 = 368^{G},33333 \text{ (11)}.$$

On aurait intérêt, en France, à ce que la différence fût un nombre exact de décigrades, afin de conserver, pour les levés du territoire, les canevas décimaux qui y sont déjà usités.

Or, avec la différence de $31^{G},7$ qui fait noter le méridien de Paris $400^{G} - 31^{G},7 = 368^{G},3$ et qui est d'ailleurs égale à $28^{\circ}31'48''$ exactement, on satisfait de même à la condition de ménager le continent Australien, et cette petite faveur pourrait être motivée par l'ancienneté des services de la Géodésie Française.

Exp. — Les canevas des cartes exposées avaient été construites sur la donnée $31^{G},66666$, mais la petite addition de $0^{G},03333$ n'a pas d'effet sensible sur les cartes générales.

---

(11) Il convient de pousser cette fraction à la cinquième décimale pour rappeler que l'unité de cet ordre correspond au mètre, quoique l'équivalence ne soit pas exacte (*voir* la note 5).

Il est de plus à noter que, $0^{G},00001$ étant à peu près égal à $0'',03$, les évaluations d'angles à 5 figures de décimales accusent, en longitude comme en latitude, un degré d'approximation très voisin de celui qu'autorise à accuser, au point de vue de la justesse des calculs, l'emploi des Tables logarithmiques usuelles à 7 figures du système duodécimal.

12. Divers géographes ont proposé d'adopter pour l'origine des longitudes un méridien passant par le détroit de Behring([12]).

Pour qu'un tel méridien soit aussi maritime que possible, il convient de le prendre à $171°16'12'' = 190^{G},3$ à l'ouest du méridien de Paris. Dans cette position, déterminée par un nombre exact tant de secondes que de décigrades, le méridien initial laisserait à l'Est la partie des îles Aléoutiennes qui se distingue comme dépendance immédiate du continent Américain, passerait au milieu même du détroit en ne faisant que raser l'île Diomède et ne couperait l'île Saint-Laurent que dans l'isthme de sa presqu'île orientale.

Il traverserait librement l'archipel Hawaïen, dont il laisserait à l'est le groupe des îles importantes, et aussi les archipels de l'Océanie situés au-dessous de l'équateur. Ce méridien serait donc très satisfaisant à ne considérer que le nouveau monde. Mais, son prolongement dans l'ancien passant en pleine Europe, près de Christiania, de Munich et de Florence, il serait impossible de l'adopter comme base de construction des mappemondes et l'on ne saurait non plus prendre comme base de cette construction les méridiens distants d'un quadrant, car ils coupent les continents de la manière la plus contraire à l'idée d'une division naturelle et l'un d'eux traverse l'Amérique du Nord et l'Amérique du Sud dans leurs parties les plus civilisées.

Comme la disposition symétrique des canevas des mappemondes n'exige à la rigueur que la coïncidence du cercle limite de chaque hémisphère avec un méridien noté en nombre rond de dizaines de degrés ou de dizaines de grades, il convient d'examiner si l'on ne pourrait pas lever la difficulté en prenant un méridien qui, différant peu de celui qui vient d'être indiqué, se trouverait à un certain nombre de dizaines de degrés ou de dizaines de grades de celui de Saint-Michel dont on ne saurait s'écarter notablement, on l'a vu, pour sépa-

([12]) *Voir* les propositions en faveur de ce méridien à la Notice historique B, C (p. XLVIII).

rer l'ancien monde du nouveau monde sans couper l'Australie.

Or la différence de longitude entre le méridien de Saint-Michel et le méridien de Saint-Laurent, placé, comme on vient de l'indiquer, au milieu du détroit de Behring, est de $142^{\circ}44'24'' = 158^{G},6$ et la largeur du détroit dépasse à peine 2^{G} ou $1^{\circ}54'$. On voit donc que, pour arriver au nombre rond de 140°, il faudrait remplacer le méridien de Saint-Laurent par un méridien situé à près de 3° à l'est, c'est-à-dire coupant le continent Américain, et que, pour arriver au nombre rond de 160^{G}, il faudrait le remplacer par un méridien situé à plus de 1^{G} à l'ouest, c'est-à-dire coupant le continent asiatique et, de plus, diverses iles.

Il semble qu'en constatant l'impossibilité de satisfaire à la fois, avec un méridien passant par le détroit de Behring, à la condition de délimiter les hémisphères des mappemondes par un méridien très peu différent de celui de Saint-Michel et à celle de numéroter en nombres ronds les méridiens du canevas symétrique de ces sortes de cartes, on a achevé de justifier le parti pris, dans le présent programme, de soutenir la candidature du méridien de Saint-Michel lui-même pour la fonction de Méridien initial.

Mais l'opinion a paru, à un certain moment, se dessiner en faveur d'un Méridien initial placé dans le Pacifique, sans doute par ce motif que la régularisation de l'application du calendrier nécessaire pour la régularisation de la mesure du temps devra se faire non sur le méridien opposé au Méridien initial, comme cela se pratique actuellement, mais sur le Méridien initial lui-même, de manière que, celui-ci étant pris dans le Pacifique, la modification du quantième se ferait sur un méridien peu différent de ceux sur lesquels elle s'est pratiquée jusqu'à présent; tandis que, de l'adoption du méridien de l'Atlantique, il résulterait que, pour le même instant, il y aurait entre l'Europe et l'Amérique, indépendamment de la différence d'heure, une différence d'une unité dans le quantième.

On montrera plus loin que cette dernière condition aurait peut-être plus d'avantages que d'inconvénients, mais il faut prévoir, pour ne pas dire craindre, l'adoption d'un méridien du Pacifique, auquel cas, plutôt que de le faire passer réellement par le détroit de Behring, il vaudrait peut-être mieux, toutes les terres voisines de ce détroit étant peu ou point habitables, s'affranchir de la condition du minimum de trajet terrestre et lui faire couper la pointe du continent asiatique pour que, par le déplacement de $1^G,4 = 1^\circ 15' 3''$ indiqué ci-dessus, il se trouve exactement à 160^G, soit à seize fois 10^G, du méridien de Saint-Michel, ce qui satisferait implicitement au désidératum de faire attribuer finalement au méridien de Paris une longitude d'un nombre exact de décigrades.

13. Afin de faire apprécier sommairement les modifications qu'apporterait dans les habitudes géographiques des divers pays l'unification réalisée avec l'un ou l'autre des méridiens de Saint-Michel ou de Saint-Laurent, on a indiqué, dans le Tableau ci-joint, en graduations duodécimale et décimale croissant toutes deux continûment de l'Est à l'Ouest, les longitudes, comptées à partir de chacun d'eux, des méridiens des principaux observatoires nationaux, des méridiens dits *fondamentaux* repérés par la télégraphie électrique et de quelques autres, non encore repérés mais particulièrement intéressants. Ces longitudes sont en regard de celles des mêmes méridiens comptées à partir du méridien de Paris, par hémisphère, moitié à l'Est, moitié à l'Ouest, suivant l'usage vulgaire, en degrés, minutes et secondes duodécimales (d'après la *Connaissance des Temps* pour 1884), mais croissant continûment de l'Est à l'Ouest dans la colonne des valeurs en grades et décimales.

Ce tableau met en évidence un fait sur lequel il n'est pas inutile d'appeler l'attention pour prévenir une objection que l'on ne manquera sans doute pas d'en tirer contre le mode d'unification proposé.

Avec la graduation continue des longitudes procédant de l'Est à l'Ouest à partir soit du méridien de Saint-Michel, soit du méridien de Saint-Laurent, les notations des méridiens successifs comportent pour l'Europe des chiffres de centaines,

ÉTUDE DE LA QUESTION DE L'UNIFICATION DU MÉRIDIEN INITIAL ET DE LA MESURE DU TEMPS, POURSUIVIE AU POINT DE VUE DE L'ADOPTION DU SYSTÈME DÉCIMAL COMPLET.

TABLEAU COMPARATIF DES LONGITUDES

des méridiens des observatoires nationaux, des méridiens, dits *fondamentaux*, de points repérés par la télégraphie électrique et de quelques autres méridiens de points particulièrement intéressants

(*d'après les données de la Connaissance des Temps pour* 1884) (12 bis).

DÉSIGNATION des MÉRIDIENS.	LONGITUDES COMPTÉES A PARTIR DES MÉRIDIENS DE					
	PARIS.		*St-MICHEL (Açores).*		*St-LAURENT (dét. de Behring)*	
SAINT-MICHEL	28°31'48" Ouest	31G,70000	360° = 0. 0'. 0"	400G = 0G,00000	217°15'36" Ouest	241G,40000
Rio-de-Janeiro	45.29.27	50,54537	16.57.39 Ouest	18,84537	234.13.15	260,24537
Montevideo (Cathédrale)	58.32.32	65,04691	30. 0.44	33,34691	247.16.20	274,74691
Pointe-à-Pitre (Mât de pavillon)	63.51.39	70,95648	35.19.51	39,25648	252.35.27	280,65648
Sainte-Croix (des Antilles)	67. 1. 7	74,46512	38.29.19	42,76512	255.44.55	284,16512
Santiago (du Chili)	73. 0.45	81,12500	44.28.57	49,42500	261.44.33	290,82500
Punta-Arenas (Dét. de Magellan)	73.13.16	81,35679	44.41.28	49,65679	261.57. 4	291,05679
Quebec	73.32.25,5	81,71157	45. 0.37,5	50,01157	262.16.13,5	291,41157
Valparaiso (Mât de la Bourse)	73.57.40,5	82,17917	45.25.52,5	50,47917	262.41.28,5	291,87917
WASHINGTON	79.23. 4,5	88,20509	50.51.16,5	56,50509	268. 6.52,5	297,90509
Panama (Cathédrale)	81.51. 4,5	90,94583	53.19.16,5	59,24583	270.34.52,5	300,64583
Cincinnati	86.45.36	96,40000	58.13.48	64,70000	275.29.24	306,10000
Mexico (Cathédrale)	101.25.30	112,69444	72.53.42	80,99444	290. 9.18	322,39444
San Francisco (feu de l'île Alcatras)	124.45.15	138,61574	96.13.27	106,91574	313.29. 3	348,31574
Honolulu (église catholique)	160.10.38	177,97469	131.38.40	146,27469	348.54.36	387,67469
SAINT-LAURENT	171.16.12	190,30000	142.44.24	158,60000	360. 0. 0 = 0	400,00000 = 0
Sydney (Signal du Temps)	148.52.28,5 Est	234,58380	182.35.43,5	202,88380	39.51.19,5	44,28380
Melbourne	142.38.21	241,51204	188.49.51	209,81204	46. 5.27	51,21204
Yokohama (Pavillon de la Douane)	137.20.18	247,40185	194. 7.54	215,70185	51.23.30	57,10185
Pékin	114. 8.40	273,17284	217.19.32	241,47284	74.35. 8	82,87284
Batavia	104.27.54	283,92778	227. 0.18	252,22778	84.15.54	93,62778
Saïgon	104.21.43	284,04228	227. 6.29	252,34228	84.22. 5	93,74228
Benarès	80.35.28	310,45432	250.52.44	278.75432	108. 8.20	120,15432
Madras	77.54.10,5	313,44120	253.34. 1,5	281,74120	110.49.37,5	123,14120
Mascate (Fort du Nord)	56.15.26	337,49198	275.12.46	305,79198	132.28.22	147,19198
La Réunion (Mât de Signaux)	53. 6.45	340,98611	278.21.27	309,28611	135.37. 3	150,68611
Kazan	46.47. 4,5	348,01713	284.41. 7,5	316,31713	141.56.43,5	157,71713
La Mecke (La Kaaba)	38. .	357,77778	293.28.12	326,07778	150.43.48	167,47778
Zanzibar (Fort)	36.51.35	359,04475	294.36.37	327.34475	151.52.13	168,74475
Moscou	35.14. 4,5	360,85046	296.14. 7,5	329,15046	153.29.43,5	170,55046
Jérusalem (St-Sépulcre)	32.52.52	363,46543	298.35.20	331,76543	155.50.56	173,16543
St-Pétersbourg (Poulkova)	27.59.31,5	368,89769	303.28.40,5	337.19769	160.44.16,5	178,59769
Alexandrie (nouveau phare)	27.31.15	369,42130	303.56.57	337,72130	161.12.33	179,12130
Constantinople (Ste-Sophie)	26.38.50	370,39198	304.49.22	338,69198	162. 4.58	180,09198
Athènes	21.23.46,5	376,22639	310. 4.25,5	344,53102	167.20. 1,5	185,92639
Varsovie	18.41.42	379,22778	312.46.30	347,52778	170. 2. 6	188,92778
Kœnigsberg	18. 9.30	379,82407	313.18.42	348,12407	170.34.18	189,52407
Bude	16.43. 1	381,42562	314.45.11	349,72562	172. 0.47	191,12562
Cap de Bonne-Espérance	16. 8.36	382,06296	315.19.36	350,36296	172.35.12	191,76296
Stockholm	15.43.19,5	382,53102	315.44.52,5	350,83102	173. 0.28,5	192,23102
Vienne	14. 0. 7,5	384,44213	317.28. 4,5	352,74213	174.43.40,5	194,14213
Prague	12. 5.19,5	386,56806	319.22.52,5	354,86806	176.38.28,5	196,26806
Naples (Capo di monte)	11.54.33	386,76759	319.33.39	355,06759	176.49.15	196,46759
Pola	11.30.39	387,21019	319.57.33	355,51019	177.13. 9	196,91019
Berlin	11. 3.30	387,71296	320.24.42	356,01296	177.40.18	197,41296
Copenhague	10.14.30	388,62037	321.13.42	356,92037	178.29.18	198,32037
Rome (Collège romain)	10. 8. 7,5	388,73842	321.20. 4,5	357,03842	178.35.40,5	198,43842
Munich (Bogenhausen)	9.16.18	389,69815	322.11.54	357,99815	179.27.30	199,39815
Bologne	9. 0.55,5	389,98287	322.27.16,5	358,28287	179.42.52,5	199,68287
Christiania	8.23.15	390,68056	323. 4.57	358,98056	180.20.33	200,38056
Gotha	8.22.24	390,69630	323. 5.48	358,99630	180.21.24	200,39630
Strasbourg	5.25.54	393,96481	326. 2.18	362,26481	183.17.54	203,66481
Turin	5.21.33	394,04537	326. 6.39	362,34537	183.22.15	203,74537
Berne	5. 6.11	394,32994	326.22. 1	362,62994	183.37.37	204,02994
Amsterdam (Clocher ouest)	2.32.54	397,16852	328.55.18	365,46852	186.10.54	206,86852
Leyde	2. 8.54	397,61296	329.19.18	365,91296	186.34.54	207,31296
Bruxelles	2. 2. 4,5	397,73935	329.26. 7,5	366,03935	186.41.43,5	207,43935
Alger (Station fondamentale)	0.42.35,5	399,21127	330.45.36,5	367,51127	188. 1.12,5	208,91127
PARIS	0. 0. 0	400,00000 = 0	331.28.12	368,30000	188.43.48	209,70000
GREENWICH	2.20.14,4 Ouest	2,59704	333.48.26,4	370,89704	191. 4. 2,4	212,29704
Édimbourg	5.31. 3	6,13056	336.59.15	374,43056	194.14.51	215,83056
Madrid	6. 1.31,5	6,69491	337.29.43,5	374,99491	194.45.19,5	216,39491
Sainte-Hélène	8. 2.53	8,94228	339.31. 5	377,24228	196.46.41	218,64228
Cadiz (San-Fernando)	8.32.25,5	9,48935	340. 0.37,5	377,78935	197.16.13,5	219,18935
Dublin	8.40.39	9,64167	340. 8.51	377,94167	197.24.27	219,34167
Lisbonne (Signal du temps)	11.28,37,5	12,75231	342.56.42,5	381,05231	200.12.25,5	222,45231
ILE DE FER	20.00.00	22,22222	351.28.12	390,52222	208.43.48	231,92222

(12 bis) La Table des positions géographiques dressée par Daussy, Darondeau et de la Roche-Poncié est continuée par le vice-amiral Cloué. La *Connaissance des Temps* contient, outre cette Table, un Tableau spécial des positions des Observatoires qui paraît être pour quelques déterminations en avance sur la Table générale. Pour tous les Observatoires, on a pris, de préférence, la longitude en degrés déduite de la longitude en temps donnée dans ce Tableau spécial. Plusieurs longitudes se trouvent déjà du reste un peu modifiées dans la *Connaissance des Temps* pour 1885.

ce qui peut être signalé avec une apparence de raison comme un inconvénient pratique par les partisans du particularisme invoquant, à l'appui de leur préférence pour l'établissement des cartes de chaque État avec des méridiens notés à partir du méridien de l'Observatoire national principal, la considération que, dans de telles cartes, les notations tant en grades qu'en degrés ne comportent, en général, que des chiffres d'unités ou au plus de dizaines.

Mais, outre que l'avantage des brèves notations est plus que compensé, on l'a montré plus haut, par l'inconvénient du double sens de progression et que d'ailleurs l'emploi d'un chiffre de centaines restera nécessaire, malgré ce double sens, pour la Russie et pour tous les États possesseurs de dépendances coloniales, dont la cartographie devra toujours être rattachée à celle de la métropole, il semble suffisant, pour repousser l'objection, de faire remarquer qu'à l'intérieur des petits États on ne risquerait aucune confusion en abrégeant l'énonciation courante d'une longitude par la suppression du chiffre des centaines, comme on le fait habituellement pour l'énonciation des dates, en disant 83 au lieu de 1883.

L'abréviation pourrait même être faite sur les cartes dans les notations de tous les méridiens figurés, excepté un dont la notation complète serait nécessaire à titre de clef pour établir le rapport des positions géographiques du pays avec celles des autres régions du globe.

14. La principale opposition à l'adoption d'un méridien initial entièrement maritime viendra certainement des partisans de l'unification par le méridien de Greenwich qui pourront même ne pas se rendre à l'argument de la convenance, pour ne pas dire de la nécessité, de faire sur le Méridien initial lui-même et non sur l'anti-méridien, qui est son prolongement, la correction du quantième.

Afin de donner satisfaction à l'intérêt d'amour-propre qui occupera sans doute une certaine place dans les motifs de leur opposition, on pourrait stipuler dans la convention d'entente internationale que, sur les cartes, le rapport au méridien de Greenwich passerait en tête de tous les repérages par lesquels il faudrait toujours rappeler les différences de longitude du méridien international et des méridiens des principaux observatoires nationaux, et l'on pourrait ajouter une valeur pratique à cette faveur honorifique en décidant que le méridien international serait choisi à un *nombre exact de secondes duodécimales* du méridien de Greenwich.

Cette condition implique en principe le sacrifice de celle du nombre exact de décigrades entre le méridien international et le méridien de Paris, mais son acceptation ne détruirait pas, sous le rapport pratique, l'avantage en vue duquel on a insisté pour cette dernière.

En effet, la différence de longitude des observatoires de Greenwich et de Paris étant de $2°20'14'',4 = 2^G,597037$, les méridiens de Saint-Michel et de Saint-Laurent, dont les positions ont été chiffrées ci-dessus, sont respectivement à $26°11'33'',6 = 29^G,102963$ et à $168°55'57'',6 = 187^G,702963$ du méridien de Greenwich. Si donc, pour faire disparaître la fraction de seconde de ces différences, on portait ces méridiens à $26°11'34'' = 29^G,1030864$ et à $168°55'58'' = 187^G,7030864$, il en résulterait que les longitudes du méridien de Paris seraient, à compter du méridien de Saint-Michel,

$$368^G,3001234 = 331°28'11'',4 \text{ au lieu de } 368^G,3 = 331°28'12''$$

ou, à compter du méridien de Saint-Laurent,

$$209^G,7001234 = 188°43'38'',4 \text{ au lieu de } 209^G,3 = 188°43'38''.$$

Mais le déplacement $0'',4 = 0^G,0001234$ correspondant à une longueur d'environ $12^m,34$ sur l'Équateur est d'environ $9^m(8^m,81)$ sur le parallèle de $45° = 50^G$; on voit que, dans la carte de France de l'État-major au 80 000e, cette dernière longueur, réduite presqu'à un dixième de millimètre (0,00011), est négligeable; sur la carte au 50 000e la même longueur réduite à 0,000176, moins de deux dixièmes de millimètre, est encore difficilement appréciable; de sorte que les méridiens tracés de décigrade en décigrade sur ces cartes resteront, sans correction, sensiblement à des nombres exacts de décigrades du Méridien initial.

Les chiffres de longitude qui ont été employés dans la discussion précédente ne sont évidemment produits qu'à titre provisoire et sous toute réserve des corrections que pourront exiger les déterminations géographiques spéciales de dernière précision, sans l'exécution desquelles on ne saurait se croire autorisé à faire, quant aux chiffres fractionnaires, des propositions fermes.

Les chiffres précis ne pourraient en tout cas être déterminés que par une entente entre les services astronomiques et géodésiques des différents pays.

Il est très probable que, dans les conclusions de l'entente, la position de la lunette méridienne de Greenwich deviendrait le point de repère principal.

Il faut cependant faire une réserve, suggérée par les considérations géologiques, en faveur, sinon de l'Observatoire actuel de Paris, du moins d'un Observatoire parisien qui serait à l'abri des perturbations urbaines (industrielles ou obsidionales). Si aucun point de l'écorce du globe n'offre la stabilité absolue qui serait à désirer pour le repérage, on peut dire qu'en fait de stabilité relative les environs de Paris semblent offrir le plus de garanties, car, outre qu'on y a rarement éprouvé des secousses sensibles de tremblement de terre, la forme circulaire du golfe des époques jurassiques et crétacées dont ils occupent le centre accuse un méplat d'origine ancienne au milieu duquel les oscillations lentes de l'écorce doivent continuer à produire de simples exhaussements et abaissements alternatifs, plutôt que des mouvements de bascule susceptibles d'altérer par rapport à la verticale la position des appareils astronomiques.

III. — Mesure du temps. — Premier ou Maître méridien.

15. La mesure du temps, étant essentiellement basée sur l'observation des rotations et des révolutions des astres, est nécessairement liée à la mesure des angles, et la division du cercle en 360 degrés est évidemment résultée de la combinaison de cette notion avec l'idée, qui ne pouvait manquer de se présenter au début des supputations astronomiques, que les rapports des périodes devaient être exprimés par des nombres ronds ([12]).

Le nombre 360 étant d'ailleurs, pour ainsi dire, séduisant au point de vue de la divisibilité ([13]), et offrant notamment, en raison de son diviseur 6, le moyen d'exprimer par le nombre rond 60, encore divisible par 6, l'arc que sous-tend le côté, égal au rayon, de l'hexagone régulier inscrit, a été ensuite conservé pour la division géométrique du cercle dont le détail a été enfin établi dans le même esprit par la division du degré en 60 minutes, de la minute en 60 secondes, et ainsi de suite au besoin.

Pour le détail de la mesure du temps, où il fallait d'abord satisfaire aux convenances des principales conditions journalières de l'existence, on a dû commencer par suivre une marche un peu différente et l'on est arrivé à diviser première-

---

([12]) Après que l'on eut distingué, dans la suite des jours, le mois de vingt-huit jours, indiqué par la lunaison, et sa division en semaines de sept jours, indiquée par les quatre phases de la Lune, la nécessité de prévoir le retour des quatre saisons conduisit à prendre en considération la révolution apparente du Soleil et à établir l'année tropique. Alors, bien que l'observation la plus élémentaire eût dû déjà faire voir que les durées des phénomènes lunaires n'étaient même pas marquées par des nombres entiers de jours, et mettre ainsi en garde contre la préoccupation des nombres ronds, on put penser que la révolution solaire s'effectuait exactement en trois cent soixante jours ou du moins admettre cette estimation comme répondant suffisamment aux besoins pratiques pour un certain avenir et diviser l'écliptique, considérée alors comme circulaire, en 360 degrés, dont chacun était censé correspondre à un jour.

([13]) Puisque $360 = 3 \times 4 \times 5 \times 6 = 2^3 \times 3^2 \times 5$ admet les 22 diviseurs suivants : 2, 3, 4, 5, 6, — 8, 9, 10, — 12, — 15, — 18, — 20, — 24, — 30, — 36, — 40, — 45, — 60, — 72, — 90, — 120, — 180.

ment le jour entier en deux fois 12 heures ([15]); mais finalement, avec la division de l'heure en 60 minutes et de la minute en 60 secondes, on est parvenu à faire que, dans la rotation de la sphère céleste, chacune des unités de la mesure du temps corresponde à 15 unités du même rang, de la mesure des angles ([16]).

Il faut reconnaître que, d'autre part, on peut évaluer *grosso modo* à une seconde la petite période du battement du pouls, et que ce rapprochement peut être invoqué à l'appui du maintien de la division biduodécimale et doublement sexagésimale du jour, comme lui imprimant, en quelque sorte, un dernier cachet de caractère naturel.

16. Mais les correspondances entre les conditions des phénomènes naturels et les diverses unités distinguées dans les mesures de toutes sortes troublent, bien plutôt qu'elles ne viennent en aide, dans la poursuite des raisonnements qui tendent à établir les rapports exacts de ces phénomènes, soit lorsqu'elles ne sont qu'approximatives, soit surtout lorsque la succession des unités d'un même genre n'est pas réglée par une *gradation* constante. De plus, dès qu'il s'agit de préciser numériquement une relation particulière, les discordances d'un genre à l'autre dans les règles de gradation exigent des calculs acces-

---

([15]) On a dû d'abord diviser la durée de la rotation diurne totale ou du jour entier en deux moitiés, comme l'indiquait *grosso modo* l'opposition du *jour*, temps de l'activité et de la *nuit*, temps du sommeil, l'entrecroisement de cette division avec l'autre division en deux moitiés, qualifiées *matin* et *soir*, faisant d'ailleurs distinguer les quatre quarts : *après minuit* (*nuit-matin*), *avant midi* (*matin-jour*), *après midi*, (*jour-soir*), *avant minuit* (*soir-nuit*). On a dû, en second lieu, pour la distribution des repas et des arrêts ou coupures que comportent les occupations : marche, travail, etc., diviser la journée en heures et, bien que les Grecs en distinguassent dix, paraît-il, au temps de Pisistrate, on est généralement arrivé à diviser en douze la moitié du jour et par suite la moitié de la nuit. L'introduction du nombre 12 tendait déjà à harmoniser la mesure du temps avec la graduation du cercle et l'on a enfin effectué la subdivision de l'heure tout à fait conformément au caractère sexagésimal de cette graduation.

([16]) Avec ces deux systèmes conjugués, la durée du jour entier de 24 heures $= 1440$ minutes $= 86400$ secondes de temps correspondant, en ascension droite, au cercle entier de 360 degrés $= 21600$ minutes $= 1296000$ secondes d'angle, l'heure (1^h) correspond à 15 degrés (15°), la minute de temps (1^m) à 15 minutes d'angle ($15'$), la seconde de temps (1^s) à 15 secondes d'angle ($15''$).

soires qui, si simples qu'ils soient, retardent la conclusion du travail en raison non seulement du temps qu'ils prennent, mais aussi des erreurs dont chaque mode de gradation peut multiplier les chances.

C'est la considération de tous ces inconvénients, inhérents aux anciens systèmes de mesures, qui a fait entreprendre l'institution du *Système métrique décimal* dans lequel les *gradations* des unités concrètes de chaque genre sont uniformément calquées sur celle des unités abstraites du *Système de numération*, de telle façon que pour toutes les déterminations de relations physiques on fût débarrassé des calculs accessoires de transformation et, dans une telle institution, il a fallu nécessairement, mettant de côté l'idée d'obtenir des correspondances multiples dans chaque genre, ne conserver de la considération des correspondances naturelles que ce qui était nécessaire et suffisant pour fixer la corrélation des différentes échelles de mesures et étalonner chacune d'elles.

Les mesures de dimensions et de poids du Système métrique décimal sont déjà presque universellement adoptées pour les études scientifiques et, par suite des avantages dont la pratique donne la preuve, leur emploi pour les besoins techniques gagne chaque jour du terrain dans les différents pays où il n'a pas encore remplacé exclusivement celui des anciennes mesures nationales ; il reste maintenant à obtenir l'harmonisation avec le Système de numération en ce qui concerne la mesure des angles et des intervalles de temps, et cela est d'autant plus nécessaire que les deux systèmes conjugués d'anciennes mesures dont on vient de rappeler la constitution offrent à un plus haut point les inconvénients que l'on vient aussi de signaler en thèse générale.

Malheureusement ici l'entreprise est rendue particulièrement difficile du fait que la liaison des deux genres de mesures est des plus intimes dans les questions d'Astronomie, de Géodésie et d'art nautique qui ont d'abord donné lieu de les instituer et pour la solution desquelles l'application des échelles adoptées a reçu le plus grand développement.

Aussi oppose-t-on aux propositions de reprendre la réforme, à peine amorcée sur ces deux points lors de l'établissement du Système métrique décimal, non seulement la difficulté de la transformation ou de la réfection des tables et des instruments, mais celle du changement de la manière actuelle de mesurer le temps dont la pratique est si générale qu'il semble au premier abord chimérique de songer à en obtenir l'abandon ([17]).

Les travaux de la transformation ou de la réfection des tables et des instruments seront sans doute bien considérables; cependant, en ce qui concerne les tables, avec les perfectionnements actuels des moyens de calcul, l'œuvre pourrait être menée à bonne fin, sans efforts excessifs, dans un délai assez étroitement limité, lors même que la charge en incomberait à un seul grand pays; et, à l'égard des instruments, il y a lieu de faire remarquer que les reconstructions immédiates ne feraient que devancer celles que rendront bientôt obligatoires le besoin chaque jour plus impérieux de délicatesse dans les observations et le progrès aussi chaque jour croissant, ou du moins réclamé, des arts de précision.

Au surplus, quelles que puissent être les peines et les dépenses, on en serait bien vite payé par les économies de travail résultant de l'usage d'un système complet de mesures régulièrement modelé sur le système de numération.

Quant à la difficulté de changer l'usage du mode actuel de mesure du temps, elle est beaucoup moins sérieuse qu'elle ne paraît l'être au premier abord. Du moment qu'un mode décimal aurait été adopté pour les études scientifiques, son usage s'introduirait et se développerait bien rapidement dans les travaux techniques, ce qui le rendrait familier aux habitants des villes et les préparerait au changement.

On n'aurait pas besoin d'une telle préparation pour les habitants des campagnes chez lesquels encore à présent et même dans des pays très civilisés la notion de l'heure d'horloge est

---

([17]) C'est là l'argument visé par anticipation (p. 5).

des plus vagues. Il est à peine nécessaire de rappeler que cette notion de l'heure est encore étrangère à la plus grande partie du genre humain. Seulement il est évident que moins on se hâtera d'opérer la réforme et plus les développements des industries des chemins de fer, des télégraphes et de l'horlogerie rendront sa vulgarisation pénible.

17. Mais il y a plus, lors même qu'il faudrait mettre de côté l'espoir de faire passer dans les usages vulgaires une mesure décimale du temps, il n'en résulterait aucune raison valable de ne pas poursuivre l'institution d'une telle mesure pour les besoins scientifiques et techniques, à commencer par ceux de l'Astronomie et de ses applications.

L'Astronomie offre, pour l'évaluation des durées, un mode de supputation dit *temps sidéral*, employé dans les observatoires, nettement distinct de celui dit *temps solaire moyen* employé vulgairement ([18]).

Le temps sidéral, dont le rôle prime celui du temps solaire dans l'exposé didactique des notions de cette science ([19]), suffit en principe à toutes les parties de la théorie et à toutes les applications, notamment en ce qui concerne la détermination des longitudes absolues.

L'intervention du temps solaire est, il est vrai, requise d'une manière générale pour la construction des tables aux-

---

([18]) L'échelle de l'évaluation vulgaire est construite d'après la considération de l'intervalle de temps dit *jour solaire moyen* qui sépare les deux passages consécutifs au même méridien d'un soleil fictif, imaginé pour rendre constante la durée de cet intervalle en répartissant également l'effet du déplacement du Soleil vrai dans le cours de l'année tropique limitée par le retour à la même condition équinoxiale, tandis que l'échelle du temps sidéral est construite d'après la considération de l'intervalle de temps, naturellement constant, dit *jour sidéral*, qui sépare les passages consécutifs au même méridien (du même côté du pôle) d'une étoile qui reste fixe dans la sphère céleste. Les deux modes de supputation sont donc nécessairement distincts.

Dans une année tropique qui comprend $365^{j}\,5^{h}\,48^{m}\,46^{s},045 = 365,242217$ jours solaires, une étoile fait le tour de la Terre une fois de plus que le Soleil et marque par conséquent, par ses passages au méridien, 366,242217 jours sidéraux, d'où il suit que la durée du jour solaire moyen est $24^{h}\,3^{m}\,56^{s},555$ de temps sidéral, excédant de près de 4^{m} la durée du jour sidéral dont la durée est inversement $23^{h}\,56^{m}\,4^{s},091$ de temps solaire et que le rapport des durées de même évaluation numérique dans les deux temps est 0,99726910, ou inversement 1,00273790.

([19]) Comme le montre, par exemple, très nettement le Traité tout récent de M. Faye.

quelles on ne saurait se dispenser de donner la forme d'éphémérides ayant pour entrée dominante la suite des jours du calendrier, et c'est sans doute cette considération qui a conduit à s'en servir aussi pour les observations dont on doit tirer couramment parti par l'usage de ces tables; mais son emploi dans ces observations n'est aucunement obligatoire, car, tout en conservant aux tables le caractère ordinaire d'éphémérides, on y rapporterait, comme on le fait déjà, les nombres, tant d'entrée que de sortie, à la mesure du temps sidéral, et il semble même, en dehors de toute question sur le mode de division, qu'il y aurait avantage, aussi bien dans les spéculations astronomiques que dans leurs applications, à prendre uniformément le temps sidéral pour base des calculs et des observations [20]: en tout cas, on voit que si la liaison directe de la détermination des longitudes et de la mesure du temps paraît, d'après les usages actuels, impliquer l'obligation d'accomplir simultanément la réforme de la division vulgaire du temps et celle de la graduation du cercle, ce n'est là qu'une illusion provenant du parti que l'on a pris de profiter du fait que le jour solaire correspond, aussi bien que le jour sidéral, à une rotation complète de la Terre [21].

Ainsi se trouve écarté, pour ne pas dire réfuté, l'argument, d'apparence formidable, en faveur du *statu quo* auquel il avait été fait allusion plus haut (p. 27).

---

[20] Il est à peine nécessaire de faire remarquer que les observations du Soleil, qui servent pour les déterminations courantes de la longitude en mer ou dans les pays vierges, ne constituent un fait d'immixtion du temps solaire moyen que parce que les chronomètres sont réglés sur ce temps.

[21] Ceci a lieu, bien que la durée du jour solaire soit différente de celle du jour sidéral, puisque les limites sont, pour l'une comme pour l'autre, un premier passage et le retour dans le plan du même méridien terrestre. Par conséquent, si l'on désigne par L l'angle de longitude du méridien d'un point dont on a à déterminer la position géographique et par H, h les heures qui seraient comptées au même instant sur deux horloges de marche absolument conforme réglées pour marquer, la première le temps du méridien initial, la seconde celui du méridien en question, on a, en nombre, avec le système actuel de mesures, mais les longitudes croissant continûment de l'Est à l'Ouest : $\frac{L}{15} = H - h$, ou simplement $\frac{L}{15} = H$, lorsque, l'instant choisi étant le midi du méridien à déterminer, on a $h = 0$, que le temps employé soit sidéral ou solaire.

On peut, sans toucher à la mesure vulgaire du temps, appliquer au temps sidéral un mode décimal de division ([22]) et si l'on prend pour la division du jour sidéral le même nombre que pour la division décimale du cercle, la relation numérique entre la valeur de l'angle de longitude qui indique la position d'un méridien et celle de l'heure sidérale qui sert à déterminer cette position deviendra une identité, autrement dit la longitude sera, en angle comme en temps, exprimée par le même chiffre ([23]).

18. L'adoption des divisions décimales numériquement identiques du cercle et du jour sidéral produirait, dans les calculs de l'Astronomie théorique et de ses applications, des simplifications dont le profit pour l'avenir peut être, sans exagération, qualifié d'immense.

La réforme paraîtra encore plus importante si l'on envisage l'abréviation des calculs innombrables que comportent les études de toutes les sciences et de tous les arts physiques, calculs dans lesquels, dès qu'il faut tenir compte du temps, ce qui a lieu pour toute question considérée au point de vue véritablement naturel, l'introduction de l'heure, de la minute et de la seconde vient annuler tous les avantages résultant de l'emploi des unités déjà adoptées du Système métrique décimal.

Quand on réfléchit le moins du monde à l'avenir de l'intervention des calculs numériques dans les spéculations de tout genre et de tout ordre, on est porté à s'étonner de l'indifférence avec laquelle le monde scientifique a jusqu'à présent accueilli les réclamations produites de temps à autre en faveur d'un perfectionnement dont pourrait déjà grandement profiter la génération qui le réaliserait ([24]). Cependant, encore récem-

([22]) Comme l'a fait remarquer le colonel Perrier au Congrès de Venise.

([23]) Au lieu de l'égalité $\frac{L}{15} = H$, on aura l'identité numérique $L = H$.

([24]) A propos du choix des unités de mesures propres aux phénomènes électro-magnétiques, on a souvent insisté sur les avantages que l'on devait attendre du fait que ces unités rentreraient dans le Système métrique décimal. Comment n'a-t-on pas en même temps fait remarquer que, dans les questions où intervenait la notion du temps, l'emploi de la seconde sexagésimale détruisait tous ces avantages? N'était-ce pas là une excellente occasion de réclamer l'institution d'une mesure décimale du temps pour les usages scientifiques et techniques?

ment, on n'aurait pu équitablement reprocher à aucun pays de n'avoir pas entrepris une tâche bien lourde à remplir isolément et d'avoir évité d'assumer la responsabilité d'une œuvre à laquelle, une fois commencée, il fût devenu fort difficile d'obtenir des contributions, peut-être même de simples adhésions, car, dans les autres pays, les amours-propres nationaux n'auraient sans doute pas manqué de faire envisager l'entreprise comme un acte de prétention dominatrice.

Aujourd'hui, le développement des associations internationales autorise à penser que le travail pourrait bientôt être commencé dans les conditions de concours universel qui sont nécessaires pour la plus prompte et la meilleure réalisation de la réforme. Il importe donc de ne pas tarder à lever la difficulté qu'amène la compétition signalée plus haut (p. 2) de deux modes de division décimale, en décidant si l'on doit prendre comme unités fondamentales exactement et simplement corrélatives des mesures d'angle et de durée : *le quadrant et par suite le quart de jour sidéral* ou *le cercle avec le jour sidéral entier.*

C'est la première solution qui a été adoptée dans le Système présentement exposé, puisque l'on y maintient la division du cercle en 400 grades. En l'annonçant, dès le début, on n'a justifié cette préférence que par des considérations purement géométriques et l'on s'est borné à mentionner sans discussion (p. 2 et 3) le principal, pour ne pas dire le seul argument invoqué en faveur de la dernière solution. C'est maintenant le lieu d'examiner la valeur de cet argument.

La proposition de prendre, pour unité principale de la marche du temps, la durée d'une rotation complète de la Terre, ce qui implique l'adoption du cercle comme unité d'angle, est sans aucun doute fortement recommandée par la simplicité de son énoncé et par la considération que, dans les études astronomiques de longue portée, l'unité de durée se trouve marquée par le retour aux mêmes conditions en grandeur et en signe de toutes les lignes trigonométriques de l'angle de rotation.

Si cependant, même en ne s'occupant que des intérêts des travaux astronomiques, on les envisage au point de vue le plus général, on ne voit pas que les astronomes qui prennent parti pour la dernière solution soient bien fondés à préférer, pour les évaluations corrélatives des durées et des angles, un mode dans lequel on ne tient pas compte au premier chef de la valeur élémentaire de l'angle droit.

L'Astronomie n'a pas seulement, comme dans son enfance, à supputer des périodes. Elle doit étudier tous les rapports de position des astres et ce n'est même qu'en perfectionnant leur détermination qu'elle peut arriver à préciser les évaluations des durées. Or cette étude repose complètement sur la notion de l'angle droit qui préside implicitement, sinon explicitement, à toutes les observations comme à toutes les spéculations fondamentales, par les conditions de perpendicularité : de la verticale et du plan horizontal, du méridien et du parallèle, du grand et du petit axe de chaque orbite planétaire, etc., et dont l'importance est d'ailleurs directement rappelée par les termes de phases, de quadratures, de saisons, d'un usage aussi fréquent qu'indispensable.

On semble, il est vrai, arriver à se passer de la considération de l'angle droit en faisant, d'une part, croître continûment dans toute l'étendue du cercle, tant les angles azimutaux que les ascensions droites et en faisant, d'autre part, croître aussi continûment, tant les angles des distances polaires d'un pôle à l'autre que les angles des distances zénithales du zénith au nadir ou inversement. Mais ce n'est là qu'une apparence, car il faut toujours, pour déterminer complètement les directions des lignes de visée ou des rayons vecteurs, définir le sens dans lequel croissent les angles, ce à quoi on ne parvient que par la considération des quatre points cardinaux, autrement dit des quatre quadrants, sans laquelle on ne saurait même pas établir la distinction des deux pôles. Enfin, s'il peut être commode à certains égards de faire usage des distances polaires ou zénithales comptées continûment dans toute l'étendue des variations possibles, la symétrie des deux hémisphères séparés par l'équateur et celle des deux hémisphères séparés par l'horizon n'en jouent pas moins des rôles dominants dans l'appréciation des rapports de position et de leurs conséquences; or la distinction des deux hémisphères symétriques dérive, dans les deux cas, de la distinction des deux quadrants d'un demi-cercle.

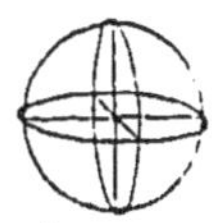

La triple croix rectangulaire des axes des coordonnées de Descartes restera toujours le maître instrument pour la mise en ordre des notions sur les formes et les positions de tout ce qui se voit dans les sphères de l'espace ([25]).

Quant à l'indication des rotations entières du globe, comme pour la faire ressortir des évaluations des chiffres avec le quadrant et le quart de jour pris pour unités, il suffit de diviser par quatre la partie entière de ces évaluations; l'avantage de l'indication immédiate fournie par l'emploi du cercle et du jour entier ne donne en faveur de cet emploi qu'un argument de peu de poids, d'autant qu'il ne s'agit que des jours sidéraux, dont la succession constitue une échelle chronologique différente de celle des jours solaires du calendrier.

Mais, lors même que la dernière solution serait définitivement jugée la mieux appropriée aux besoins de l'Astronomie, le fait que cette science fournit la base de l'évaluation du temps n'autoriserait pas à subordonner à ses convenances particulières des modes d'évaluation qui intéressent toutes les études physico-mathématiques.

En Physique générale, plus clairement encore qu'en Astronomie, on voit toutes les observations comme toutes les spéculations reposer sur la notion de l'angle droit.

Cela va de soi dans la partie où l'on s'occupe des effets de la pesanteur, puisque l'on ne saurait y faire un pas sans viser la perpendicularité de la verticale et des surfaces de niveau, et cela n'est pas moins vrai dans les parties où l'on s'occupe

---

([25]) A ce sujet, un récent hommage au génie de Descartes semble particulièrement digne de citation. M. Cayley, président du Congrès de l'Association Britannique

I....

des vibrations, soit de la matière pondérable, soit de l'éther impondérable, car on peut dire en thèse générale que l'oscillation rectiligne d'un point est comme la projection d'un parcours circulaire, réel ou hypothétique, faite sur un plan perpendiculaire à celui du parcours lui-même, et que chacune des quatre phases consécutives du va-et-vient de part et d'autre de la position moyenne correspond à un des quatre quarts de la circonférence parcourue, de telle sorte que si l'emploi des fonctions circulaires offre le meilleur, sinon le seul, moyen analytique d'approfondir l'étude des mouvements vibratoires, c'est en raison de la distinction des quatre quadrants du cercle.

Il faut d'ailleurs remarquer que, pour les effets perçus par les sensations de chaleur, de lumière et sans doute aussi de saveur ou d'odeur, les vibrations de l'éther doivent être conçues comme s'opérant perpendiculairement au rayon de propagation.

Au surplus, la préférence accordée à la première méthode d'évaluation décimale paraît recommandée d'une manière péremptoire par les considérations suivantes.

Il est clair que, pour systématiser les éléments d'ordre mathématique qui intéressent tous les genres de spéculation, on doit procéder méthodiquement, en se conformant à la hiérarchie philosophique des sciences dont le classement offre incontestablement en tête : 1° l'*Arithmétique* (comprenant bien entendu l'Algèbre), 2° la *Géométrie*, 3° la *Mécanique*, après laquelle peut seulement venir l'*Astronomie*.

Par conséquent :

1° La numération, base des spéculations arithmétiques, doit être le prototype des systématisations concernant la mesure des quantités et, le Système de numération décimale étant d'usage universel ([26]), les échelles de tous les genres de mesure doivent être décimales.

---

tenue en 1883, après avoir exposé, dans son discours d'ouverture, les progrès des Sciences mathématiques, s'est exprimé ainsi : « La méthode des coordonnées de Descartes sera toujours en vigueur. » (Traduction de la *Revue scientifique*, octobre)

([26]) Personne ne peut songer à une modification de cet usage universel : il est donc

2° La systématisation qui doit être modelée la première sur le prototype est celle des moyens de mesurer les quantités géométriques. C'est ce que l'on a fait en instituant le Système métrique décimal et, en ce qui concerne les angles, l'angle droit est bien l'unité fondamentale qui doit être représentée par une certaine unité de la série numérique décimale.

La méthode de l'enseignement classique de la Géométrie et de la Trigonométrie constitue une preuve assurément très suffisante du caractère primordial de l'angle droit. Cependant il n'est peut-être pas superflu de compléter les observations déjà présentées (p. 3 et 4) sur le caractère élémentaire du quadrant et sur les avantages de son adoption comme unité fondamentale, en rappelant que, si, dans le grand cercle servant à la mesure de l'une des deux coordonnées angulaires qui déterminent la position d'un point sur une sphère, il est possible et il convient d'employer une graduation continue embrassant toute l'étendue de la circonférence, on ne peut utiliser que la moitié de la même graduation dans les grands cercles perpendiculairement conjugués au premier qui servent à la mesure de la seconde coordonnée, puisque les deux demi-circonférences séparées sur chacun d'eux par les deux points de concours sont sous ce rapport indépendantes l'une de l'autre. Cette remarque fait bien comprendre en effet que le cercle entier boiterait, pour ainsi dire, dans le rôle d'unité d'angle fondamentale, tandis que le quadrant, qui offre la plus simple commune mesure des deux valeurs différentes imposées comme limites aux variations des deux coordonnées, remplit au contraire ce rôle de la manière la plus satisfaisante.

3° C'est seulement sur la systématisation des mesures géométriques que l'on doit modeler à son tour le moyen de mesurer le temps qui est une variable propre à la Mécanique, et il serait irrégulier, pour ne pas dire irrationnel, de subor-

---

inutile d'insister sur le caractère foncièrement naturel de la numération décimale dont le nombre des doigts des deux mains, son origine évidente, n'est que la manifestation la plus frappante.

donner le mode de division du cercle à un mode d'évaluation du temps établi d'une manière indépendante.

Laplace commence ainsi l'avertissement de son *Exposition du Système du monde* : « J'adopterai, dans cet Ouvrage, la division du quart du cercle en cent degrés([27]); du degré en cent minutes, de la minute en cent secondes, etc. J'adopterai pareillement, la division du jour en dix heures, de l'heure en cent minutes, de la minute en cent secondes, etc. ». Il a donc posé le principe de la décimalisation des deux mesures sans s'arrêter à la question de leur harmonisation complète, et l'on ne saurait s'appuyer de son autorité en invoquant la division décimale du jour, qu'il a adoptée, comme impliquant la division directement décimale du cercle entier, puisque l'on voit que le mode de mesure de l'espace angulaire, loin d'être subordonné par lui au mode de mesure du temps, est au contraire l'objet de sa convention première, comme le veut l'ordre philosophique. L'avantage qu'il y avait à supprimer l'intervention du facteur 4 dans le calcul des rapports des deux mesures ne lui ayant d'ailleurs certainement pas échappé, la préférence qu'il accorde à la division du quadrant a d'autant plus de valeur qu'elle est produite à propos d'une œuvre purement astronomique où, ne fût-ce que pour faciliter l'accès d'une aussi immense conception, il était naturel de conserver la durée du jour solaire comme unité principale, ce qui devait porter à harmoniser les deux mesures d'après la considération de celle du temps.

Ainsi, pour conclure, ce n'est pas à la légère que les fondateurs du Système métrique décimal ([28]) ont admis la division du cercle en 400 grades; on ne doit pas abandonner ce mode de division, le plus satisfaisant à tous égards, avec lequel le quart de cercle ou quadrant, valant 100 grades, prend place dans la série des unités de la graduation établie pour la mesure décimale de l'espace angulaire; et par

---

([27]) L'ouvrage a été publié en l'an IV avant l'introduction de la dénomination distinctive du *grade*.

([28]) *Voir* la Notice historique A sur l'institution du Système métrique décimal (p. xxi).

suite le quart de la durée d'une rotation complète du globe ou de la sphère céleste doit prendre place dans la série des unités de l'échelle établie pour la mesure décimale du temps sidéral, à l'usage des travaux scientifiques et techniques.

Cette double condition remplie, les évaluations d'un angle de rotation du globe et de la durée correspondante seraient exprimées par des nombres qui auraient les mêmes chiffres significatifs.

Pour les calculs astronomiques et surtout dans les usages de la navigation, il semble à désirer que le passage de la considération de l'espace angulaire à celle du temps n'exige même pas un déplacement de virgule, ce que l'on obtiendrait en prenant précisément pour unités principales le quadrant et le quart du jour sidéral, lequel devrait alors recevoir une dénomination individuelle et univoque.

19. Mais, en vue des autres études scientifiques ou techniques, de même qu'il est commode de conserver à titre d'unité principale usuelle, pour la mesure de l'espace angulaire, le *Grade*, deuxième décimale du quadrant, dont la valeur est voisine de celle du degré, de même, pour la mesure du temps, il conviendrait de choisir comme unité principale usuelle la décimale du quart de jour sidéral dont la valeur serait la plus voisine de l'heure, c'est-à-dire non pas la deuxième, mais la première qui marque une durée de 36 minutes et que l'on pourrait appeler *Chrone*.

Cette dénomination à la fois simple et d'une signification bien connue, étant réservée pour l'unité d'usage courant. Il y aurait à créer une dénomination pour le quart de jour sidéral. On pourrait par exemple, pour rappeler qu'il s'agit de l'unité fondamentale du *temps sidéral*, prendre celle de *Sidérie* qui va être employée, à titre auxiliaire, dans la suite de cette explication. Il serait désirable de remplacer en même temps la dénomination de Quadrant, dont l'abréviation est des plus malsonnantes en Français, et à laquelle on reproche de ne pas convenir pour la désignation d'une unité, ce qui est au moins discutable, puisque quadrant vient directement du mot *qua-*

r.....

drum et non de quart, mais à laquelle on peut justement reprocher de se confondre en prononciation avec le mot *cadran* qui, bien que de même origine, a pris communément l'acception de tableau d'horloge. Le mot *Rectangle* serait l'expression exacte; il est malheureusement appliqué couramment à la figure quadrirectangulaire, mais ce ne serait pas là un empêchement absolu (29).

Les horloges décimales(30) devraient être établies pour l'intervalle d'une sidérie ou de 10 chrones avec un moyen de distinguer quatre intervalles consécutifs dont l'ensemble correspond au jour sidéral qui, s'il n'est pas adopté ici comme unité de compte fondamentale, n'en offre pas moins la base essentielle du repérage pour le règlement de la marche de ces horloges(31).

---

(29) Quant à l'énonciation et à la notation on pourrait employer identiquement pour les décimales du quart de jour sidéral les dénominations et les indices en chiffres romains proposés par M. Hoüel pour celles du quadrant : prime, seconde, tierce, quarte, quinte, sixte, septime (voir la note 1, p. 3). En adoptant cette convention, en se servant à titre provisoire des expressions indiquées ci-dessus pour les unités fondamentales et en dénommant les multiples et sous-multiples décimaux des unités principales, grades et chrones, conformément aux règles posées dans le Système métrique décimal, on peut établir la correspondance astronomique et géodésique des différentes échelles par le tableau suivant dont la dernière colonne donne, en heures, minutes et secondes, la valeur des unités successives de la mesure décimale du temps sidéral.

		rectangle.		sidérie.				heures sidérales.
hectograde	=	1..............	1	1.........	=	décachrone	=	6
décagr.	=	$0^r,1$............	1^{I}	$0^s,1$......	=	CHRONE	=	$36^{minutes}$
GRADE.	=	$0^r,01$...........	1^{II}	$0^s,01$.....	=	décichr.	=	$3^m 36^{secondes}$
décigr.	=	$0^r,001$............	1^{III}	$0^s,001$....	=	centichr.	=	$21^s,6$
centigr.	=	$0^r,0001$..........	1^{IV}	$0^s,0001$...	=	millichr.	=	$2^s,16$
milligr.	=	$0^r,00001$.........	1^{V}	$0^s,00001$..	=	d. mil. chr.	=	$0^s,216$
d. mil. gr.	=	$0^r,000001$........	1^{VI}	$0^s,000001$.	=	c. mil. chr.		
c. mil. gr.	=	$0^r,0000001$ (mèt.)	1^{VII}	$0^s,0000001$	=	m. mil. chr.		—

(30) *Voir* pour l'historique de la division décimale du temps la Notice A,d. (p. XXIV).

(31) Les dispositions des horloges et montres décimales doivent nécessairement varier en raison de leur destination spéciale à telle ou telle catégorie des besoins scientifiques ou techniques, mais les dispositions suivantes paraissent répondre à l'ensemble de ces besoins.

La distinction des quatre sidéries consécutives étant, s'il y a lieu, effectuée par une pièce mobile qui viendrait faire figurer successivement dans une fenêtre les chiffres 0, 1, 2, 3, la circonférence du cadran serait divisée en 10 grandes parties par des traits forts et longs accompagnés des numéros 1 à 10, et chacune de ces grandes parties serait subdivisée par des traits fins et courts en 10 petites parties séparées, chacune, en deux couples de 5 par un trait moyen.

Sur ce cadran une aiguille courte, de marche très lente, faisant le tour en une

20. Du moment où l'on aurait fixé le mode décimal de supputation du temps sidéral à employer dans les études scientifiques et techniques, on pourrait, en l'appliquant à celui du méridien zéro, instituer, pour la mesure absolue du temps, une échelle dont le caractère prototypique serait bien justifié par la double condition de son établissement et à laquelle on aurait tout lieu de rapporter les différentes échelles chronologiques d'usage vulgaire.

Sur cette échelle prototype une époque serait déterminée simplement par le nombre de sidéries mesurant le temps écoulé depuis l'époque que l'on serait convenu d'adopter comme origine. C'est évidemment tout ce qu'il faut pour les spéculations générales dans lesquelles il est plutôt gênant que commode de se servir des nombres étagés d'années, de mois, de jours, d'heures, de minutes ou de secondes, que l'on doit toujours commencer par ramener à un seul nombre exprimant la durée en unités de l'un de ces ordres suivies de fractions décimales [32].

Mais quel serait le point de départ de la supputation du temps absolu, commencement d'une ère que l'on pourrait appeler *sidérodécimale?*

---

sidérie (6^h) marquerait les 10 chrones en faisant sonner un timbre à son passage sur les grands traits numérotés; une seconde aiguille longue et de marche lente faisant le tour en un chrone (36^m) marquerait les décichrones en franchissant les mêmes grands traits et les centichrones en franchissant les petits traits.

Sur le même cadran, ou mieux sur un cadran accessoire divisé seulement en 10 parties, une aiguille de marche rapide faisant le tour en un centichrone ($21^s,6$) marquerait les millichrones à l'œil en passant sur les divisions et à l'oreille en s'y arrêtant successivement. Enfin une aiguille de marche très rapide faisant le tour en un millichrone ($2^s,16$) marquerait les décimillichrones à l'oreille par les battements d'arrêts successifs.

Le décimillichrone valant un peu plus qu'un cinquième de seconde ($0^s,216$), on voit que l'intervalle des arrêts de la dernière aiguille serait voisin de celui des arrêts de l'aiguille avec laquelle on arrive dans certaines montres à marquer les quarts ou les cinquièmes de seconde.

A l'égard de la valeur du chrone, il est à noter que, le temps minimum dans lequel un piéton peut franchir, sans courir, la distance d'un kilomètre étant 9 minutes, cette durée serait marquée par un quart de chrone, soit $0^{chr},25$.

([37]) Il est d'ailleurs à noter qu'il n'y pas de mois sidéral, que le terme d'année sidérale ne se rapporte pas à la considération du jour sidéral et enfin que la durée du jour sidéral différant de celle du jour solaire, élément commun de toutes les suppu-

Laplace avait pensé ([33]) à l'institution d'une ère scientifique qui aurait commencé en l'année 1250 de l'ère chrétienne, dans laquelle l'apogée de l'orbe solaire coïncidait avec le solstice d'été. On pourrait proposer de faire plutôt remonter l'origine d'une telle ère en l'année 3985 A. C. dans laquelle le même apogée devait coïncider avec l'équinoxe du printemps, parce que, outre que l'on n'aurait pour ainsi dire pas de nombres négatifs pour les temps historiques ([34]), la seconde coïncidence correspond à une condition générale d'équilibre sous le rapport climatérique ([35]).

Reste la question de l'instant précis de l'origine, dont il faut encore s'occuper ici, car on pourrait faire dépendre de sa solution la position du Méridien o.

Laplace, en proposant de faire remonter l'origine de l'ère scientifique à l'année 1250, indiquait que l'on pourrait prendre pour cette origine « l'instant de l'équinoxe moyen de printemps qui dans cette année se produit au 15 mars, $5^{\text{heures}},3676$

---

tations chronologiques vulgaires, on ne simplifierait pas les rapports de ces supputations avec celle du temps absolu en employant dans cette dernière, comme unité fondamentale, le jour sidéral entier, de préférence au quart de jour.

Au sujet de ces rapports on peut encore remarquer que, l'année solaire se trouvant comprendre environ 366 jours sidéraux et un quart ($366^{\text{j}},242217$), sa durée en sidéries ($1464^{\text{s}},968864$) est presque mesurée (à 0,03 près) pour le nombre entier 1465. Mais quoiqu'au premier abord cette circonstance semble venir à l'appui du choix du quart de jour sidéral comme unité fondamentale, on ne l'a pas citée dans les considérants qui en déterminent le choix, parce que l'on ne voit pas qu'il y ait à en tirer grand parti.

([33]) Exposition du *Système du Monde*, Chapitre III.

([34]) Puisque l'on ferait remonter le point de départ de la supputation vers l'époque où la tradition biblique place la création du monde.

Les chiffres — 3985 et + 1250 résultent des déterminations actuelles de la précession des équinoxes et du déplacement du grand axe de l'orbite terrestre qui font estimer à 5234 années tropiques l'intervalle des coïncidences successives avec les équinoxes et les solstices.

([35]) Lors d'une coïncidence de l'équinoxe de printemps avec l'apogée, la somme des durées du printemps et de l'été est égale à celle des durées de l'automne et de l'hiver, de sorte que les deux pôles sont éclairés aussi longtemps l'un que l'autre; lors de la coïncidence du solstice d'été avec l'apogée, la différence des deux sommes, autrement dit, des temps d'éclairage des deux pôles est portée au maximum, l'égalité revient à la coïncidence de l'équinoxe d'automne; lors de la coïncidence du solstice d'hiver la différence se reproduit au maximum, mais en sens inverse, puis l'égalité revient avec le retour à la coïncidence initiale.

Voir au sujet des effets que peuvent avoir produit ces alternatives sur le globe terrestre les *Révolutions de la mer. Déluges périodiques*, par ADHÉMAR; 1842-1860.

à Paris » (c'est-à-dire l'heure marquée par la fraction de jour 0,53676), et proposait ensuite de prendre pour « méridien universel où l'on fixerait l'origine des longitudes terrestres celui du lieu qui comptait minuit au même instant et qui est à l'orient de Paris de 175^{g},2960 » (ce méridien situé ainsi à 214^{g},7040 = 193° 14′ 0″, 90 à l'Ouest de Paris, coupe la pointe orientale de l'Asie et entame la Nouvelle-Zélande).

Pourrait-on, si l'on voulait faire remonter l'origine de l'ère à l'an 3985 A. C., préciser avec la même certitude l'instant de l'équinoxe et le méridien du lieu qui compterait minuit à cet instant?

Quoi qu'il en soit, si, au point de vue cosmique, de telles solutions sont assurément séduisantes, de même que l'adoption du jour entier comme unité de temps, il semble que, lorsqu'il s'agit d'établir, en temps sidéral, l'échelle type du temps absolu et surtout lorsque l'on redescend au point de vue des usages terrestres, il est préférable de subordonner la fixation du zéro de cette échelle à celle du méridien choisi d'après les considérations géographiques, en satisfaisant seulement à la condition que le point de départ soit le même pour la supputation en temps sidéral et pour celle en temps solaire, qu'on ne peut se dispenser de faire marcher parallèlement. Ne suffirait-il pas, à cet effet, de prendre pour zéro du temps le moment du minuit sur le méridien choisi pour l'origine des longitudes au jour de l'équinoxe de printemps de l'année adoptée? L'une des étoiles les plus fixes et les plus visibles qui auraient passé à ce moment au même méridien deviendrait alors le principal repère pour régler quotidiennement les horloges sidérales.

Au surplus, ce qui importe seulement pour fixer l'échelle de temps absolu, en vue de la chronologie des phénomènes terrestres, c'est que l'on ait arrêté le choix de l'étoile dont l'un des passages au méridien initial doit marquer le commencement d'une sidérie et que l'on ait évalué, le plus exactement possible, le temps qui sépare de l'instant de l'un de ces passages récents celui du passage ancien pris comme origine.

En tout cas, on dresserait ensuite aussi aisément en sidéries qu'en jours sidéraux les Tables destinées à faire passer des évaluations en temps sidéral aux évaluations en temps vulgaire ou inversement.

La sidérie initiale serait, bien entendu, notée zéro, afin que, dans la détermination d'un instant du passé ou de l'avenir par l'évaluation du temps précédant son échéance, on ne fasse entrer effectivement en ligne de compte que la dernière sidérie écoulée; on va du reste revenir sur cette condition en parlant du temps solaire moyen.

Il va presque sans dire que, dans les usages courants du temps absolu, on ne commencerait l'énoncé d'une évaluation qu'au chiffre des dizaines de sidéries, tous les chiffres précédents, offrant un talon (de plus de 8 millions à l'époque actuelle, si l'on prenait le 0 en l'année 3985 A. C.) dont les accroissements successifs de cent en cent seraient consignés dans les almanachs aux instants correspondants en temps vulgaire ([36]).

Avant de quitter le sujet de la mesure du temps absolu, il ne faut pas négliger de faire remarquer que la graduation des longitudes procédant continûment dans le sens de la marche du Soleil apporte à l'Astronomie et à ses applications non seulement l'avantage de faire croître les longitudes proportionnellement au temps, mais celui de réserver exclusivement aux expressions de longitudes *négatives* la signification de temps *passé*.

21. Toute horloge mesurant 40 chrones entre deux passages consécutifs au méridien initial, effectués du même côté du pôle par l'étoile repère, donnerait directement le détail de la mesure du temps absolu, si le zéro de sa marche répondait à l'un de ces passages. Toute horloge de même marche, au moment du passage de la même étoile repère à un autre méridien, marquerait en chrones un nombre qui ne différerait du nombre marquant en grades la longitude de ce méridien que par la position de la virgule reculée d'un rang vers la

([36]) L'année solaire comprenant 1465 sidéries, il y aurait lieu dans un annuaire à 14 de ces mentions.

gauche, à la condition que la graduation des longitudes procède dans le sens de la marche du Soleil, c'est-à-dire de droite à gauche sur les cartes. Les chiffres de cette graduation ont été posés en conséquence dans le bord inférieur du cadre des cartes jointes au présent exposé (insérées p. 14).

Mais sur le planisphère, au-dessous de la graduation décimale des longitudes partant du méridien de l'Atlantique et figurée seulement par le tracé des méridiens 0, 100, 200, 300, on voit, en dehors du cadre, un numérotage en sens inverse de 1 à 40 qui se rapporte exclusivement à la mesure du temps et dont les chiffres, marquant des chrones, correspondent aux points qui marquent les pieds des méridiens, de 10 en 10 grades, non tracés.

Les évaluations jalonnées par ce numérotage indiqueraient ce qu'il faut ajouter à la détermination horaire d'un instant faite en temps du méridien initial pour avoir la détermination horaire du même instant sur un autre méridien en temps local de ce méridien ([37]).

En matière de temps sidéral, on ne voit guère d'utilité à considérer un temps local réglé sur le passage de l'étoile-repère au méridien, puisqu'à ce passage ne se rattache aucun phénomène saillant.

Les évaluations de cette sorte sont donc peu utiles, mais il n'en est pas de même en matière de temps solaire, car il importera toujours de pouvoir comparer les divers chiffres des déterminations horaires, faites pour un même instant, avec les temps locaux de méridiens différents.

Les notations croissant de gauche à droite n'ont donc été inscrites qu'en perspective de la décimalisation de la mesure du temps vulgaire et c'est dans cette perspective que l'on a mis au point 40 = 0 l'annotation minuit, qui n'aurait pas de sens à l'égard du temps sidéral.

Malheureusement un tel but, si tant est qu'il soit possible de

---

([37]) La note, expédiée trop à la hâte, qui accompagne le même planisphère dans le compte rendu de la séance de l'Académie des Sciences du 7 mai 1883, est entachée, sur ce point, d'une confusion d'inadvertance.

l'atteindre, est au moins éloigné, on ne peut le méconnaître. Or, pour les usages vulgaires, les communications par les télégraphes électriques et les chemins de fer ne permettent pas de différer davantage à l'égard de la mesure vulgaire du temps une entente régulatrice et, quoique la convention à intervenir ne puisse, en dehors de la décimalisation des canevas, avoir que le caractère d'un *expédient*, on ne peut non plus méconnaître que, si les conditions en sont bien établies, on en tirera déjà un certain profit pour les travaux techniques et scientifiques en attendant l'institution de la mesure décimale du temps sidéral dont les raisons d'être et les conditions spéciales d'établissement ont été l'objet des considérations précédentes.

22. Il convient donc de terminer ces considérations par l'examen des conditions de l'entente à obtenir immédiatement sans modification des échelles que l'on emploie pour les mesures corrélatives de l'espace angulaire et du temps.

S'il ne s'agissait que de simplifier la détermination de la simultanéité en rapportant tous les temps locaux à un temps étalon, la convention internationale à passer serait fort simple.

Il suffirait de décider d'abord que l'on compterait les degrés de longitude continûment de o à 360 = o; de décider en second lieu que l'on compterait aussi les heures du jour continûment de o à 24 = o et que le jour astronomique commencerait comme le jour civil à minuit; de choisir ensuite un méridien initial et de fixer le sens dans lequel on ferait croître les longitudes; d'adopter enfin pour temps prototype celui qui est réglé sur le midi de ce méridien.

En effet, comme on l'a déjà rappelé (note 21, p. 29), le soleil parcourant 15° en une heure, le quotient de la division du nombre de degrés de longitude par 15, autrement dit la longitude en temps, donne le nombre d'heures à ajouter ou à retrancher pour passer de l'heure d'un instant marquée par l'horloge du méridien initial aux heures du même instant marquées par les horloges des autres méridiens ou inversement.

Si l'on fait croître les longitudes, comme on a l'habitude de le faire sur les cartes, de gauche à droite, dans le sens des écritures japhétiques, mais à l'inverse de la marche apparente du soleil, le quotient exprimant en heures la longitude d'un méridien accuse le nombre d'heures marqué par l'horloge de ce méridien au moment où l'horloge prototype, réelle ou fictive, du méridien initial marque midi, et par suite le même nombre est à ajouter à celui de l'heure d'un instant marquée par l'horloge du méridien initial pour avoir l'heure marquée au même instant par l'horloge du méridien considéré ou ce qu'il faut retrancher de l'heure locale de ce dernier pour avoir l'heure correspondante du temps prototype.

Si, au contraire, on fait croître les longitudes dans le sens du mouvement apparent du Soleil, c'est-à-dire sur les cartes de droite à gauche, dans le sens des écritures sémitiques, le quotient exprimant en heures la longitude d'un méridien accuse l'heure marquée par l'horloge du méridien initial au moment où l'horloge du méridien considéré marque midi et par suite le même nombre est à retrancher de celui de l'heure d'un instant marquée par l'horloge du méridien initial pour avoir l'heure marquée au même instant par l'horloge du méridien considéré ou ce qu'il faut ajouter à l'heure locale de ce dernier méridien pour avoir l'heure correspondante du temps prototype.

Comme c'est par le transport d'un chronomètre marquant le temps du méridien initial que l'on détermine les longitudes et que, dans la comparaison des heures des différents méridiens, la détermination que l'on a besoin de faire couramment est, non pas celle de l'heure, en temps prototype, du midi d'un méridien désigné, mais celle de l'heure du temps prototype correspondant à une heure locale, on voit que le sens conforme à la marche apparente du Soleil doit être préféré, non seulement parce qu'il est plus rationnel, mais parce que les questions de la pratique courante seront alors résolues par des lectures simples et par des additions, avantage qui n'est pas à dédaigner, surtout avec la mesure vulgaire du temps dont il s'agit ici de continuer à se servir, car la soustraction des parties aliquotes est une source d'erreurs d'inadvertance que les meilleurs calculateurs ne sont pas sûrs d'éviter.

Quant au choix du méridien initial, on voit qu'un méridien quelconque remplira le but limité à la comparaison des heures.

Mais, pour régulariser la mesure du temps, il ne suffit pas de fixer et de simplifier la comparaison des heures des différents méridiens, il faut fixer l'application des calendriers ou pour mieux dire du Calendrier grégorien, auquel on rapportera parallèlement celle de tous les autres ([38]); car, pour fournir une date certaine, élément nécessaire d'une évaluation de temps absolu, il faut que l'emploi du Calendrier, c'est-à-dire de la liste des jours successifs de l'année, soit fixé par l'application précise du numéro d'ordre ou de la désignation de l'un de ces jours à l'intervalle de temps compris entre un minuit et le minuit suivant sur un certain méridien. Or, la condition étant remplie au méridien du lieu où le calendrier a d'abord été mis en usage, si l'on étend l'emploi de ce calendrier de proche en proche du côté de l'Est, comme l'ont fait d'abord naturellement les Européens et du côté de l'Ouest, comme ils ont eu lieu de le faire dans les explorations de l'Atlantique et surtout après la découverte de l'Amérique, on fait, dans la marche vers l'Est, avancer l'application du quantième de la date, déterminée par le nombre des midis observés pendant le parcours effectué, tandis que dans la marche vers l'Ouest on la fait retarder, et il arrive qu'au point de rencontre des deux propagations, le quantième de la date fourni par la

---

([38]) Voir à l'*Annuaire du Bureau des Longitudes* la concordance des calendriers établie par M. Lœwy.

L'Annuaire du Ministère d'Algérie et des colonies publié en 1857 contenait un tableau comparatif des calendriers grégorien, julien, israélite, mahométan, indou et chinois, dressé par M. Bulard à la demande de l'auteur du présent Mémoire, alors chef de cabinet de ce Ministère, pour amorcer l'entreprise d'unification dont il est question dans l'Avertissement.

première est en avance d'une unité sur celui de la date fournie par la seconde ([30]).

Pour éviter, lors du retour au point de départ ou du passage dans les lieux habités, la manifestation de la discordance du calendrier transporté et des calendriers stationnaires, on est bientôt arrivé à convenir d'opérer une correction compensatrice sur le premier, pendant la traversée de l'océan Pacifique où l'effet de cette correction offre, actuellement du moins, un minimum d'inconvénients pratiques.

([30]) Le fait ayant au premier abord une apparence paradoxale, il n'est peut-être pas inutile d'insister ici sur son explication en suivant la marche de deux périples complets effectués autour du globe, en sens opposés, de part et d'autre du méridien auquel s'applique exactement le calendrier.

Dans le périple de l'Ouest à l'Est, quand on est arrivé à un point qui est, en longitude, distant du point de départ d'un certain nombre de fois 15°, le midi s'observe à un instant qui précède le midi du méridien du point de départ d'un même nombre d'heures, par conséquent lorsque l'on y conserve le quantième déterminé par le nombre de fois que l'on a vu se lever et se coucher le soleil, autrement dit par le nombre de midis observés, c'est-à-dire lorsqu'on agit comme si les midis des deux méridiens étaient contemporains, on applique le quantième propre au point atteint en avance du même nombre d'heures, ou ce même nombre d'heures trop tôt. A la distance en longitude d'un quadrant, l'avance devient de 6 heures, à la distance de deux quadrants, c'est-à-dire sur le prolongement du méridien du point de départ dans l'hémisphère opposé, l'avance est de 12 heures, après trois quadrants, elle est de 18 heures, après quatre quadrants, c'est-à-dire lorsqu'on est revenu au méridien du point de départ, elle est de 24 heures, soit un jour.

Ainsi, après un tour du globe effectué de l'Ouest à l'Est en sens inverse du mouvement apparent du Soleil et dans lequel on a toujours daté d'après le nombre de midis observés, le quantième que l'on rapporte au lieu de départ, avec le journal du bord ou de voyage, dépasse d'une unité celui qui est pointé sur le calendrier stationnaire. Par exemple, le journal ou le calendrier transporté et pointé dans le voyage désigne au retour comme le mardi 18 janvier un jour qui n'est encore que le lundi 17 pour l'observateur resté au lieu de départ.

Inversement, après un tour de globe effectué de l'Est à l'Ouest dans le sens apparent du mouvement du Soleil et pendant lequel on a toujours daté comme si le midi du lieu où l'on se trouve était contemporain du midi du point de départ, le quantième que l'on rapporte au retour est au contraire inférieur d'une unité à celui marqué sur le calendrier stationnaire; par exemple, le journal ou le calendrier transporté et pointé dans le voyage désigne comme le mardi 18 le jour qui est déjà le mercredi 19 pour l'observateur resté en permanence.

On dit souvent, pour résumer les faits dans la forme la plus brève : en faisant le tour du globe de l'Ouest à l'Est, on gagne un jour, tandis qu'on perd un jour quand on va de l'Est à l'Ouest.

Voir pour l'explication de la valeur de ces termes, en même temps que pour l'indication des curieuses conséquences de la discordance des deux dates, la Note insérée dans le Bulletin de la Société de Géographie de 1873 par M. Jules Verne, qui cite une lettre de M. Bertrand, Secrétaire perpétuel de l'Académie des Sciences.

On voit facilement que, en thèse générale, pour retomber au jour du calendrier stationnaire après un périple, il est nécessaire et suffisant d'avoir, suivant le sens du voyage, intercalé ou supprimé un jour dans le calendrier transporté, l'intercalation ou la suppression pouvant d'ailleurs avoir lieu à n'importe quelle époque du périple, autrement dit sur n'importe quel méridien [40], et l'on sent bien que, en vue de l'évaluation du temps absolu au moyen du temps local, il est utile, sinon indispensable, que l'opération soit faite sur le Méridien adopté pour établir, dans le même but, le compte prototype des heures du jour, c'est-à-dire sur le Méridien initial, de manière qu'elle corresponde directement au fait de l'augmentation d'une unité qu'apporte au chiffre du quantième l'achèvement des vingt-quatre heures du temps de ce Méridien [41]. Mais il est clair qu'une telle opération n'est pas possible dans un pays habité.

C'est là la raison indiquée sommairement plus haut (p. 13) qui non seulement s'oppose à ce que l'on adopte comme Méridien initial le méridien d'un observatoire, mais doit faire choisir un méridien aussi maritime que possible.

Maintenant que le principe des propositions des méridiens de Saint-Michel ou de Saint-Laurent est complète-

---

(40) Lorsque le périple est effectué de l'Ouest à l'Est, à l'encontre du mouvement apparent du Soleil, il faut avoir intercalé un jour bis après un jour quelconque; autrement dit, avoir ajouté sur le journal un jour où l'on répète le quantième du jour précédent, par exemple en intercalant entre le jeudi 22 et le vendredi 23 un jour dénommé *jeudi 22 bis* ou recevant la double dénomination de *vendredi* 23-*jeudi* 22, après lequel on aura, à ce point de vue de la date, fait, pour ainsi dire, un saut en arrière. Lorsque le périple est effectué de l'Est à l'Ouest dans le sens du mouvement apparent du Soleil, il faut avoir supprimé un jour quelconque du calendrier transporté dont le quantième peut être réuni à celui du jour suivant, par exemple en comptant pour un seul jour *le vendredi* 23 *et le samedi* 24, ce qui revient à sauter par-dessus le *vendredi* 23 pour passer directement du jeudi 22 au samedi 24.

Actuellement cette correction s'effectue ordinairement au passage sur le méridien 180°, directement opposé au Méridien initial et auquel on donne quelquefois, par suite du rôle qu'il remplit, la dénomination de *sautoir de date*.

(41) N'est-ce pas faute d'avoir rempli cette condition que l'on a été amené à produire dans le rapport, à l'appui du projet des résolutions votées à Rome, une formule qui n'est pas satisfaisante?

ment justifié, il reste à voir si, sous le rapport de la correction du quantième, l'un est préférable à l'autre.

Avec le méridien de Saint-Laurent le changement s'opérerait à peu près dans la région où il s'opère actuellement, en cours de navigation et, généralement, en plein Océan; mais on ne voit pas que le rapprochement des conditions offre un sérieux motif de préférer ce méridien.

On peut aussi faire valoir en sa faveur qu'en l'adoptant, on continuerait à réaliser une économie d'opérations, les trajets devant rester toujours moins fréquents dans le Pacifique que dans l'Atlantique.

Mais, si le changement de quantième est une difficulté, ne vaut-il pas mieux en prendre charge dans le trajet où l'on a le plus de chance de le faire effectuer régulièrement?

Cette dernière observation semble de nature à confirmer la préférence qui a été accordée tout d'abord au méridien de Saint-Michel comme donnant la meilleure division du globe en deux hémisphères pour la construction des mappemondes.

23. Au sujet de la date, il y a encore une observation importante à faire.

Avec la méthode vulgaire de l'évaluation du temps, une date complète, c'est-à-dire l'indication précise d'une époque instantanée, se compose d'une suite de nombres marquant les années, les mois, les jours, les heures, les minutes et les secondes, et, même en mettant de côté l'indication du quantième mensuel pour ne se servir que du quantième annuel, on voit qu'elle dépend en partie de l'application du calendrier; or cette application est vicieuse au début, car on note 1 le jour par lequel commence l'année et l'année par laquelle commence l'ère.

Pour les évaluations absolues en jours et années, les astronomes ne peuvent se dispenser, d'abord de mettre de côté les quantièmes mensuels et de n'employer que le quantième annuel, ensuite de noter o le jour qui commence l'année, puisque l'évaluation de la suite du temps n'admet dans ce jour que des nombres d'heures (entiers ou fractionnaires) inférieurs à 24 et par suite le jour qui finit l'année commune est noté 364 au lieu de 365. Ils devraient noter également o l'année qui commence l'Ère chrétienne, puisque, dans cette année, il n'y a encore lieu de compter que des nombres de jours (entiers ou fractionnaires) inférieurs à 365; mais, afin de conserver, dans le présent, les notations de l'usage vulgaire, ils reportent la notation o à l'année qui précède l'origine de l'ère de manière que, pour eux, les nombres qui marquent les rangs des années av. J.-C. sont tous diminués d'une unité et, inversement, les nombres de cette partie de la chronologie vulgaire doivent être augmentés d'une unité pour entrer dans leurs calculs ([42]).

La cause de la pratique vulgaire est simplement le fait que l'adjectif du nom de nombre *un* n'est pas usité isolément, et est remplacé par l'adjectif *premier* ou par ses traductions dont pourtant le sens étymologique, répondant aux idées de priorité et d'antériorité, est tout différent de celui d'une qualification ordinale répondant au nombre *un* pour laquelle on devrait, au lieu de premier, dire : *unième*, de même que l'on dit : *deuxième, troisième, ..., vingt et unième, ...* ([43]).

Par suite, non seulement le vulgaire, mais presque tous les historiens des différents pays notent les siècles et les années en se servant des numéros qui ne doivent être acquis qu'aux intervalles clos; pour mettre d'accord les usages vulgaires avec les usages scientifiques, il faudrait réformer cette pra-

---

([42]) Voir dans l'*Annuaire du Bureau des Longitudes* le calendrier de l'année courante et les explications de M. Lœwy sur la *Comparaison des calendriers*.

([43]) Ce défaut, qui n'est pas à reprocher seulement à la langue Française, est une conséquence persistante de l'imperfection des méthodes arithmétiques de l'antiquité, car, lorsque la notion abstraite du zéro n'était pas encore dégagée, l'unité se présentait naturellement comme point de départ de toute énumération et la persistance de la confusion résulte de ce que les principes d'ordre mathématique actuellement élucidés ont encore bien peu pénétré dans la généralité des intelligences, même des intelligences cultivées sous le rapport grammatical.

C'est évidemment à la même cause qu'il faut attribuer la forme de l'ancien calendrier Romain, dans lequel, après avoir jalonné l'évaluation de la marche du temps pendant l'année, avec certaines échéances mensuelles, on fixait la date par le nombre de jours qui restaient à courir pour atteindre la plus voisine de ces échéances.

Mais, si les Romains se sont arrêtés à cette méthode, comme pour tourner la diffi-

tique et arriver à appliquer à tout intervalle de temps le numéro d'ordre qui note sa limite antérieure ([44]).

La remarque faite au sujet des numérotages des intervalles de temps successifs et de leurs limites porte également sur celui des intervalles d'espace et de leurs limites et, sous ce dernier rapport, il y a lieu d'y insister particulièrement, car le défaut de langage est gênant pour la dénomination du méridien origine des longitudes.

Si l'adjectif premier, libéré de sa fausse acception, n'avait plus lieu d'être appliqué que dans son vrai sens, qui convient parfaitement au terme initial ou de rang o d'une série quelconque, on pourrait alors conserver comme synonyme des désignations de Méridien o ou de Méridien initial l'expression de *premier méridien*, que l'on a dû écarter au début du présent mémoire, parce qu'elle prêtait à une confusion d'idées, devant, d'après la manière usuelle de parler, s'appliquer au méridien noté : **1**.

---

culté du départ du numérotage, cela tient sans doute aussi à une disposition d'esprit, propre à leur race et dont on reconnait également l'effet, non seulement dans leur manière de chiffrer, mais dans l'allure inversée du langage; car, chez les Grecs, qui n'avaient pas plus que les Romains, la notion du zéro, l'énumération des jours était directe, aussi bien que la construction des phrases.

La disposition d'esprit tournante des Romains se retrouve de nos jours dans les races Germaniques chez lesquelles, comme pour accuser au plus haut point la tendance à l'inversion, déjà bien manifeste dans la forme générale du langage, on définit un instant en indiquant la fraction d'heure ou le nombre de minutes qui le sépare de celui où commencera une nouvelle heure dont le numéro d'ordre est ainsi employé par anticipation.

Les Anglais, dont le caractère Germanique s'est trouvé modifié par les Scandinaves Francisés, ont perdu dans leur langage une partie de la tendance à l'inversion et comptent aussi le temps d'une manière moins rétroactive.

Le peuple Français, héritier par les Gaulois de l'esprit Grec, comme le prouve bien clairement la forme directe de son langage, ne tient peut-être l'habitude de quelques inversions dans la manière de compter le temps que du mélange des races Latines et Germaniques, qui ont nécessairement modifié le caractère de son origine Celtique et il tend chaque jour davantage à compter par additions successives des durées écoulées, puisque, grâce aux horaires de chemins de fer, on dit maintenant plus volontiers une heure cinquante-cinq que deux heures moins cinq.

([44]) Il est vrai que les expressions jour zéro, année zéro, degré ou grade zéro, se concilient difficilement avec l'idée de nullité que représente le symbole o dans les calculs de quantités, mais on pourrait trouver un autre vocable pour l'emploi du o à titre d'indice de rang initial, de premier rang, dans la véritable acception du mot premier; on pourrait, par exemple, prendre le vocable simple *io*, composé de deux

L'impossibilité de se servir de cette expression est regrettable, ne serait-ce qu'au point de vue de la facilité d'élocution, car on sent le besoin de pouvoir désigner le méridien o aussi bien par un qualificatif qui précède le substantif que par un qualificatif qui le suive; mais, comme la réforme d'un mode vicieux de locution est des plus difficiles à obtenir, il vaut peut-être mieux trouver un autre moyen de sortir d'embarras. Or on peut très bien, au cas particulier, remplacer le mot « premier » par le mot « maître » et adopter comme équivalent des expressions Méridien o et Méridien initial celle de *Maître méridien* qui convient parfaitement au rôle que doit remplir ce méridien de fixer à la fois la graduation des longitudes et l'échelle de la mesure cosmopolite de l'heure ([45]).

24. La connaissance précise des rapports chronologiques des faits est indispensable pour tirer parti des observations de physique terrestre, concernant les variations de condition et les mouvements de l'atmosphère, des eaux et du sol ([46]).

Elle ne l'est pas moins pour résoudre les questions d'intérêt civil, industriel, commercial, dans lesquelles les droits reposent sur la considération de priorité ([47]).

---

premières lettres des mots: initial et origine et correspondant à un o barré verticalement qui serait employé à la place du zéro ordinaire comme indice de rang.

Ces suggestions, qui paraîtront sans doute chimériques, peuvent au moins servir à bien fixer l'attention sur les défauts de méthode de langage qui ne sont malheureusement que trop réels.

([45]) La dénomination de *Maître méridien* est celle qui figure au titre de la Note présentée en 1881 au Congrès de Venise par M. Sandford Fleming, délégué de l'Institut des Sciences du Canada et de la Société métrologique d'Amérique.

([46]) La recherche des lois des phénomènes atmosphériques, poursuivie par les observations météorologiques, donne déjà des conclusions utiles pour la prévision des crises dangereuses; mais, en raison de la nature du milieu aérien et des phénomènes qui s'y produisent, on ne sent pas encore dans ces recherches le besoin d'une extrême précision chronologique. Cette précision, déjà manifestement utile à l'égard d'une partie des phénomènes marins, devient de nécessité absolue à l'égard des phénomènes dont la partie solide de l'écorce terrestre est le théâtre, car on ne peut, par exemple, espérer prévoir ses commotions ou trépidations et leurs conséquences, que par la coordination la plus rigoureuse des faits observés, opérée aux deux points de vue géographique et chronologique.

([47]) Il peut y avoir, par exemple, dans l'état actuel des choses, des cas d'héritage ou d'usage de brevet d'invention qui, à l'égard de la prise de date, exigent des expertises scientifiques des plus délicates.

Or il n'y a d'autre moyen de prévenir rigoureusement toute ambiguïté dans l'interprétation des prises de date que de joindre à la détermination, en quantième et en heure, l'indication des longitudes du lieu où s'est produit le fait dont il s'agit, du lieu sur le méridien duquel a été réglée l'horloge et enfin ou plutôt auparavant, du méridien au passage duquel se fait l'avance ou le retard d'un jour dans l'application du calendrier, le sens de la graduation des longitudes étant, bien entendu, préalablement fixé. Par conséquent, au point de vue de la détermination précise des rapports, une entente internationale ne peut avoir pour résultat que de simplifier la comparaison de ces indications par l'adoption d'un Méridien initial commun et par la fixation, une fois pour toutes, du sens dans lequel on fait croître les longitudes.

On ne saurait en effet prétendre remplacer l'emploi usuel du temps local, où le midi est marqué 12 heures par celui d'un temps cosmopolite avec lequel l'instant marqué 12 heures ne séparerait plus le matin du soir; on ne peut non plus prétendre imposer partout l'obligation de munir de doubles aiguilles tous les appareils chronométriques, si ce n'est peut-être ceux des bureaux télégraphiques, mesure d'ailleurs nécessairement inefficace pour donner des rapports précis, à cause de l'imperfection de marche propre à chaque appareil, qui rendrait toujours les indications incertaines; enfin il faut toujours bien faire précéder la mesure de l'heure de la détermination du quantième.

Mais en dehors des traductions rigoureuses du temps local en temps du Méridien initial, on a songé à établir entre les temps locaux et un temps prototypique une correspondance échelonnée, pour ne pas dire saccadée, par une régularisation géodésique de l'usage qu'ont adopté les États européens d'étendre, pour le service des chemins de fer, l'application du temps de leur capitale à toutes les localités de leur territoire.

On a tout d'abord pensé à distinguer vingt-quatre fuseaux de 15°, dans chacun desquels on imposerait l'usage du temps de son méridien moyen. Cette condition remplie, il suffirait de savoir dans quel fuseau on se trouve pour avoir, par son numéro d'ordre, le nombre d'heures dont le temps, en usage dans la localité, diffère du temps du Méridien initial, en plus ou en moins suivant le sens du numérotage ([48]), et quand on transporterait un chronomètre d'un fuseau dans un autre, on n'aurait qu'à avancer ou retarder d'une heure l'aiguille des heures, sans toucher aux aiguilles des minutes et des secondes, pour se mettre d'accord avec les horloges du nouveau fuseau, tandis que dans les conditions actuelles, lorsque l'on passe d'un pays dans un autre, il faut avancer ou retarder sa montre de la différence des temps des deux capitales en heures, minutes et secondes.

Mais, si l'arrêt qui a toujours lieu aux stations frontières avertit qu'on doit y faire la correction, dont la valeur est d'ailleurs indiquée par les doubles horloges de ces stations, il n'en serait pas de même pour le passage d'un méridien limite d'un fuseau. Le système serait donc d'une application difficile, surtout en Europe, où il tendrait à introduire pour chaque localité une troisième mesure du temps en outre du temps local et du temps de la capitale, ce dernier paraissant devoir être toujours imposé pour certains usages.

On a pensé toutefois que, dans les États très développés en longitude, comme les empires de Russie, de Chine, du Brésil, la République des États-Unis d'Amérique et le Dominion Anglais de l'Amérique du Nord, on pourrait essayer de l'employer pour éviter de développer ou d'introduire la méthode Européenne, autrement dit d'imposer dans toute l'étendue de chaque grande circonscription politique ou administrative l'emploi du temps du chef-lieu.

On a pensé aussi qu'il pourrait y avoir quelque avantage à employer un tel système, pour faire ressortir *grosso modo* les rapports du temps des colonies d'un État et du temps

---

([48]) Ce système a été exposé dans la Communication susvisée (Note 45) de M. Sandford Fleming.

de la métropole et, pour le cas où l'on en ferait usage, on a proposé, afin d'éviter la confusion entre les chiffres qui distinguent les fuseaux et ceux des heures locales, de désigner les fuseaux par des lettres ([49]), ce qui aurait l'avantage d'écarter la difficulté de savoir quel est celui des deux méridiens limites des fuseaux, qui lui donne son numéro.

C'est dans cet ordre d'idées que l'on a distribué des lettres en bas et au dehors du cadre, du planisphère (inséré page 14) entre les chiffres concernant la mesure du temps qui progressent de gauche à droite. Mais ces notations ont été ajoutées seulement pour montrer que, si l'on arrivait jamais à se servir de la mesure décimale du temps pour les usages vulgaires et que l'on voulût distinguer des fuseaux successifs correspondant chacun à la durée d'un chrone, pour établir une correspondance échelonnée entre les temps de différents fuseaux et le temps du méridien initial, la désignation des quarante fuseaux par des lettres se ferait plus méthodiquement que celle proposée pour les vingt-quatre fuseaux du temps biduodécimal. On établira, en effet, plus loin, au Chapitre VII, traitant de la transcription des noms géographiques en lettres de l'alphabet latin ([50]), que la lettre modifiante *h* étant mise de côté, il n'y a dans cet alphabet que vingt lettres essentielles, formant cinq groupes de quatre lettres conjuguées, indiqués par la récitation : a, b*a*, g*a*, d*a*; é, f*é*, g*é*, z*é*; i, m*i*, l*i*, n*i*; u, v*u*, r*u*, s*u*; o, p*o*, k*o*, t*o*; d'où résulte dans l'ordre contrastant les groupes de cinq lettres : *a*, *e*, *i*, *u*, *o*; *b*, *f*, *m*, *v*, *p*; *g*, *j*, *l*, *r*, *k*; *d*, *z*, *n*, *s*, *t*.

L'idée de la correspondance échelonnée n'a pas manqué de partisans; on a même voulu en perfectionner le système et, l'échelon d'une heure ou de 15° paraissant trop grand pour que l'on pût appliquer convenablement aux phénomènes naturels, dans toute l'étendue d'un fuseau, la désignation horaire fournie par le temps qui y serait uniformément im-

---

([49]) *Voir* au sujet de cette proposition la Notice B. h. (p. L).

([50]) Conformément à la communication faite au Congrès des Sciences géographiques de 1875. Groupe IV.

posé, on a proposé de réduire l'échelon à dix minutes de temps ou 1°30′ d'angle ([51]).

Mais la réduction de l'échelon ferait perdre l'avantage que présente le système, avec l'échelon d'une heure, de n'exiger dans le passage d'un fuseau à un autre que la correction du chiffre des heures sans modification de celui des minutes, si tant est que l'on puisse appeler avantageux un moyen de comparaison, en désaccord avec la notion de l'accroissement continu du temps.

L'idée de la correspondance échelonnée ne paraît donc pas devoir être soutenue en thèse générale et, en résumé, il faut conclure, comme on l'a indiqué tout d'abord, que, si l'on maintient l'usage de la graduation duodécimale ou sexagésimale du cercle et de la division biduodécimale et sexagésimale du jour solaire, il n'y a d'autre chose à faire pour la simplification de l'évaluation des rapports de temps que d'adopter un Méridien initial international dont le temps serait prototypique et sur lequel on ferait la régularisation du quantième, de fixer le sens de progression de la graduation des longitudes et enfin de recommander d'indiquer dans les Dictionnaires géographiques et aussi, autant que possible, sur les Cartes topographiques la position de toute localité par la mention de la longitude et de la latitude d'un des points bien désignés, de manière à faciliter les estimations des arcs à ajouter ou à retrancher pour avoir, par estimation, les coordonnées d'un point voisin non coté.

La mention des coordonnées qui, avec la graduation sexagésimale du cercle, est compliquée et par suite difficile à écrire et à imprimer nettement deviendrait, au contraire, simple et facile à effectuer avec la division centésimale du quadrant. C'est là une raison à ajouter à toutes celles qui militent en faveur de cette division.

L'institution pour les usages scientifiques et techniques

([51]) Cette proposition a été formulée par M. Gyldén, comme rapporteur d'une Commission Suédoise.

d'une division correspondante du jour sidéral permettrait ensuite de réaliser complètement dans les évaluations de rapports les simplifications méthodiques résultant de l'application du Système métrique décimal.

IV. — Classement des altitudes.

25. Les deux coordonnées, *longitude* et *latitude*, dont il a été question jusqu'à présent déterminent la projection d'un point géographique, autrement dit, le pied de sa verticale, sur l'ellipsoïde de révolution adopté comme représentant la surface moyenne du Globe ([52]).

Pour déterminer la position du point considéré lui-même, il faut joindre à ces deux coordonnées une troisième, l'*altitude*, c'est-à-dire la longueur de sa verticale comptée à partir de la surface du même ellipsoïde en dessus ou en dessous. Mais la position de cet ellipsoïde est fort difficile pour ne pas dire impossible à repérer et même à définir d'une manière absolue, car la surface du niveau moyen de l'Océan offre le seul repère naturel de portée générale, et cette surface de niveau, si tant est qu'elle reste fixe au milieu de toutes les modifications et de tous les mouvements des masses d'eau, s'écarte plus ou moins de la surface ellipsoïdale régulière, par suite des variations locales qu'impriment à la direction de la pesanteur les accidents du relief ou de la composition de l'écorce solide, comme aussi par suite des variations de densité que déterminent les modifications de salure et de température dans les colonnes d'eau des différents points et d'où résultent nécessairement, pour l'équilibre hydrostatique, des inégalités

([52]) Les différences qu'ont présentées les diverses mesures successives des arcs de méridien ont fait penser que la surface moyenne pouvait n'être pas de révolution, défaut que l'on avait reconnu n'être pas incompatible avec la condition d'équilibre de la masse tournante de la Terre et l'on a même cherché à déterminer les dimensions de l'ellipsoïde à trois axes inégaux, qui s'en approcherait le plus, mais maintenant, ainsi que l'a indiqué M. Faye dans sa Communication à l'Académie des Sciences du 24 mars 1882, d'un côté, les résultats nouveaux des travaux géodésiques aujourd'hui très développés et ayant pour objet, non seulement la mesure des méridiens, mais celle des parallèles, d'un autre côté, ceux des observations sur l'intensité et la direction

du niveau supérieur ([53]). Il y a de plus à tenir compte des variations de la verticale résultant des mouvements propres de l'écorce terrestre ([54]). La surface du niveau moyen de l'Océan

---

de la pesanteur, loin de confirmer les doutes, tendent à ramener à l'idée que la surface moyenne est un ellipsoïde de révolution, dont les dimensions, d'après les derniers calculs du même auteur faits sur l'ensemble des arcs de méridiens mesurés, sont : pour le rayon a de l'équateur $6378393^m \pm 79^m$ et pour le demi-axe des pôles b $6356549^m \pm 109^m$, ce qui donne un aplatissement $\frac{a-b}{a} = \frac{1}{292 \pm 1}$ (*Annuaire du Bureau des Longitudes*, 1884).

([53]) *Voir* les travaux de M. Bouquet de la Grye sur la chloruration de l'eau de mer aux *Comptes rendus de l'Académie des Sciences* et dans les *Annales de Chimie et de Physique*, 1882.

([54]) La variation de la verticale a été étudiée d'abord par M. d'Abbadie, à son observatoire privé (*Comptes rendus de l'Académie des Sciences* 1872), puis par M. Bouquet de la Grye dans la Mission de l'Ile Campbell pour le passage de Vénus, (t. III des relations des missions, 1882).

L'étude des petits mouvements de l'écorce terrestre est d'ailleurs la partie fondamentale des recherches qui ont pour but la prévision des tremblements de terre entreprises maintenant, ailleurs même que dans les pays très habituellement éprouvés par les commotions volcaniques.

En Italie, à Rome, auprès du Comité géologique dont les travaux rentrent dans les attributions de l'Inspecteur en chef des mines M. Giordano, fonctionne un service géodynamique où M. de Rossi centralise et fait connaître périodiquement dans des publications spéciales (*Bulletin du volcanisme*, etc.) les résultats des études poursuivies dans plus de cinquante stations par MM. Palmieri, fondateur du premier observatoire sismographique (Naples-Vésuve), Bertelli et Cecchi (Florence), Denza (Turin-Moncalieri), Galli (Velletri), Goirau (Verone), le Cte Malvasia, Caturegli, Tiraferri (Bologne), Medichini (Viterbe), Monte (Livourne), Mugna (Forli), Silvestri (Catane-Etna), Tono (Venise), pour ne citer que les observatoires les plus considérables et les auteurs des principaux instruments. On doit d'ailleurs à M. Issel un important ouvrage sur les oscillations lentes du sol ou bradysismes (1883, Gênes), à M. Uzielli des considérations sur les oscillations terrestres (Turin), à M. Bombicci une étude spéciale des tremblements de terre de la région de Bologne, à M. Gatta un tableau des tremblements de terre (1882, Milan), à M. Mercalli une étude générale des phénomènes volcaniques (1883, Milan), etc., etc.

En Suisse les études sismologiques systématiques ont été organisées sous la présidence de M. Förster (Berne) par l'initiative de M. Heim (Zurich), auteur d'un Mémoire général et chargé de centraliser les résultats, avec le concours de MM. Amsler-Laffon (Schaffhouse), Billwiller (Zurich), Bischoff (Bâle), Forel (Morges), Soret (Genève). D'autre part, M. Plantamour s'est particulièrement occupé à Genève des déplacements de la bulle d'air dans les niveaux (*Comptes rendus des séances de l'Académie des Sciences*, 1878, 1881).

En Autriche-Hongrie les mêmes études ont reçu une vive impulsion par les travaux de M. Suess, et l'observatoire de M. Geblowitz à Trieste est en correspondance avec les observatoires italiens.

En Angleterre, au rappel des travaux généraux que M. Robert Mallet a produits depuis 1851 sur les mouvements de l'écorce du globe depuis 1851, il faut ajouter l'indication des observations faites par M. Henry (1848, Cambridge) et par M. Ellis sous la direction de Sir Georges Biddell Airy (Greenwich). Enfin, des récentes études

et son prolongement théorique au-dessous des terres émergées, trajectoire orthogonale de toutes les verticales, est donc inégale et mobile.

Les opérations de nivellement de précision étant maintenant à l'ordre du jour dans tous les pays ([55]) et ayant même été l'objet de délibérations internationales ([56]), on arrivera bientôt, il faut l'espérer, à des résolutions concernant le choix de la surface à partir de laquelle on devra compter les altitudes.

Le repérage de cette surface pourra d'ailleurs sans doute être obtenu avec une fixité suffisante en partant de points tels que ceux de la région moyenne de la France, où l'on passe de la cuvette du bassin géologique de Paris au dôme du massif des montagnes centrales, en traversant une de ces

---

microsismiques de MM. Georges et Horace Darwin présentées au nom d'un Comité comprenant Sir William Thomson, MM. Tait, Grant, Siemens, Purser, G. Forbes. (*British association*, 1881, York).

Au Japon, les recherches sismologiques ont été très développées entre les mains de MM. Milne, Ewing, Wagner, Gray, Mendenhall, Palmer, Abella Carriago, Doyle, Dan, West, Alexander, dont les travaux se trouvent dans les transactions de la *Sismological Society*, publiées à Tokio depuis 1880.

Aux États-Unis, les observations sur les lames qui se produisent inopinément dans les grands lacs offrent un commencement déjà ancien des études des mouvements du sol.

En France nous avons déjà comme documents d'une grande importance la série des catalogues des tremblements de terre publiés depuis 1841 jusqu'en 1874 (Dijon et Bruxelles) par Alexis Perrey, à l'appui de ses idées sur l'influence prédominante des attractions luni-solaires. Les observations microsismiques ont été commencées par les travaux susmentionnés (Notes 53 et 54) de M. d'Abbadie et de M. Bouquet de la Grye qui vient de présenter un nouvel instrument (*Comptes rendus de l'Académie des Sciences*, 28 juillet 1884). M. C. Wolf a installé à l'Observatoire un appareil pour l'étude des mouvements du sol (*Comptes rendus des séances de l'Académie des Sciences*, 23 juillet 1883). Les études systématiques seront, on peut l'espérer, organisées par suite de la mission que le Ministre des Travaux publics, M. Raynal, a donné à M. B. de Chancourtois pour aller, accompagné de MM. Lallemand et Chesneau, se mettre au courant des progrès accomplis en Italie (voir *Comptes rendus des séances de l'Académie des Sciences*, 30 avril, 25 juin et 3 août 1883).

([55]) En France, on possède déjà la triangulation faite par Bourdaloue, et au Ministère des Travaux publics a été instituée une commission de nivellement dont une délégation, composée de MM. Marcks, président, Cheysson, Prompt, Durand-Claye, le colonel Goulier, Lallemand, secrétaire, poursuit l'organisation des travaux actifs pour le nivellement de détail; M. Bouquet de la Grye, de son côté, s'occupe spécialement des variations du niveau de la mer dans des études sur les ondes marines et aussi les petits mouvements du sol (*Comptes rendus de l'Académie des Sciences*, 1882-1883).

([56]) Dans les Congrès géographiques de 1875 à Paris et de 1881 à Venise et dans les conférences de l'Association géodésique internationale.

lignes qui offrent pour ainsi dire les charnières des mouvements de bascule dont se compose le gondolement de l'écorce. En effet, tandis que les centres des concavités et de convexités offrent le plus de chances de dénivellations notables, sans changement dans la direction de la verticale, les limites communes d'une concavité et d'une convexité, où le mouvement de bascule doit imprimer à la verticale les plus grandes déviations, doivent, par contre, subir le minimum de dénivellation.

En attendant, on se borne à poursuivre les déterminations d'altitudes relatives, en partant pour chaque région du niveau de la mer la plus voisine ([57]).

Quelle que doive être la condition finale du raccordement des différents nivellements régionaux, il importe de distinguer dès à présent, dans leurs résultats, des catégories d'altitudes, afin de régulariser et de rendre plus significatifs les figurés du relief obtenu par le tracé de lignes de niveau verticalement équidistantes.

Dans ces figurés, on fait ordinairement, sur les Cartes *géographiques*, ressortir par des teintes de plus en plus foncées,

---

([57]) Au Congrès de géographie de 1875, la proposition d'adopter pour l'Europe le niveau moyen de la Méditerranée avait obtenu la majorité des voix par ce motif, que ce niveau est un peu plus bas que celui de l'Océan et que le mouvement de flux et de reflux s'y fait en général peu sentir.

Mais comme les côtes de la Méditerranée sont, sur beaucoup de points, le théâtre de phénomènes volcaniques et par suite d'oscillations momentanées ou séculaires des plus accentuées, et comme, d'autre part, en supposant même que l'on puisse établir des repères stables dans la région méditerranéenne, on ne pourrait songer à adopter comme point de départ pour tout le Globe une surface de niveau choisie dans des conditions exceptionnelles, il paraît douteux que la prise en considération de cette résolution soit durable.

Si l'on voulait éviter d'une manière absolue l'application de cotes négatives à des points non submergés, il faudrait prendre pour surface o celle de la mer Morte, dont le niveau est actuellement à 400^{m} au-dessous de celui de la Méditerranée. Cette indication suffit, sans commentaire, pour faire ressortir la fausseté du principe.

Le minimum des profondeurs de l'Océan, étant, comme celui des cimes des montagnes, moindre que 10 000 mètres, on rendrait toutes les cotes d'altitudes positives en les comptant à partir d'une surface qui serait, en verticale, à cette distance de l'ellipsoïde géodésique. Mais, s'il est douteux qu'il convienne d'éviter le changement de signe pour les latitudes, il ne semble pas qu'il y ait lieu de s'arrêter le moins du monde à l'idée d'en faire autant pour les altitudes, ce qui n'aurait d'avan-

brunes pour les terres émergées et bleues pour les fonds de mer, les zones successives de même hauteur verticale et, maintenant, sur les Cartes *topographiques* on multiplie les lignes de niveau dont les hauteurs croissent en proportion arithmétique de manière que, à l'avantage de faire apprécier la déclivité du terrain par leur espacement relatif, on ajoute celui de produire un effet d'ombre exempt des inconvénients de l'effet confus que l'on obtenait autrefois par les hachures ([57]).

26. Mais plus on multiplie les tracés de lignes de niveau et plus il est nécessaire de distinguer des catégories dans les altitudes pour que, par des tracés différenciés, on puisse faire reconnaître à première vue la partie de l'échelle orométrique à laquelle appartient la région représentée, et la distinction est encore plus nécessaire pour l'établissement des zones sommaires que comportent seules les figures du relief sur les Cartes géographiques où les limites des zones doivent marquer de grands changements de condition plutôt que fournir un moyen d'apprécier la déclivité ([58]).

---

tage que pour quelques spéculations de Géologie générale, tandis que, à tous les autres points de vue, il est, au contraire, de la plus haute importance de distinguer par le signe — les cotes de tous les points qui sont immergés ou pourraient l'être par l'Océan.

([57]) *Voir* les Cartes au 50 000° avec courbes de niveau espacées verticalement de 10^{m}, publiées par le Dépôt de la Guerre où leur exécution, étudiée sous la direction de feu le C^{el} Bugnot, a été portée à une grande perfection, sous la direction du C^{el} Perrier, notamment par l'addition de l'estompage.

Voir aussi les nouvelles feuilles de la Carte topographique de la Suisse, à la même échelle, qui ont été exécutées sous la direction du C^{el} Sigfried, successeur du Gal Dufour.

([58]) Dans la dernière édition de l'*Atlas de Stieler*, M. Hermann Berghaus a fait paraître, à la date de 1878, une très intéressante Mappemonde, intitulée *Höhen und Tiefen der Erde im Lambert's Zenithal-Projection*, dans laquelle il a appliqué le système des teintes progressives à des zones comprises entre des surfaces de niveau espacées verticalement d'une hauteur de 1 mille géographique équatorial, de 60 au degré (soit de 1865^{m},5). Cette combinaison, qui permet d'apprécier immédiatement les rapports entre la hauteur des lignes de niveau figurées et les espacements horizontaux mesurés par l'échelle du canevas géodésique, est très logique du moment où l'on conserve pour le canevas la graduation sexagésimale du cercle.

Mais il importe de remarquer, d'abord, que son avantage se trouverait tout naturellement réalisé par l'emploi de la graduation décimale du cercle pour le canevas, venant compléter l'usage déjà acquis du mètre pour la mesure des hauteurs, ensuite

Or, il se trouve que la règle de *gradation* du Système métrique décimal s'applique très heureusement à l'établissement de ces catégories orographiques ([59]), comme on va le voir par les observations suivantes :

Sont compris :

Entre 0 (1, 2, 5) et 10ᵐ le *jeu des marées*, les *lagunes intérieures* (lac Eyre d'Australie), les *rives des estuaires* (les bords de la Loire à Nantes), les *vallées des pays plats* ou *sillons dans les parties où le régime des fleuves est influencé par la marée* (les bords de la Seine, au-dessous de Pont-de-l'Arche), les *plages*, les *grèves*, les *cordons littoraux*, les *atterrissements* (Pays-Bas Hollandais, Marquenterre et tourbières de la Somme, la Camargue, Pays-Bas Adriatiques);

Entre 10ᵐ et 20ᵐ, les *bas sillons en amont des estuaires vers les points où s'arrête la navigation fluvio-marine* (la Loire, aux Ponts de-Cé), les *plaines littorales* et les *sommets des deltas*, (Flandres, landes de Gascogne, delta du Rhône, delta du Nil);

Entre 20ᵐ et 50ᵐ, les *sillons épanouis* (Parvis Notre-Dame dans la Cité, à Paris, plaine Saint-Denis), les *plaines basses* (hautes Flandres, plaines de la Baltique);

Entre 50ᵐ et 100ᵐ, les *premiers gradins autour des mêmes plaines basses ou les flancs des mêmes sillons* (montagne Sainte-Geneviève);

Entre 100ᵐ et 200ᵐ, les *sillons moyens, vers les points où les rivières cessent d'être navigables* (les bords de l'Yonne à Auxerre, de la Saône, à Auxonne, de la Garonne, à Toulouse), les *chutes de fleuves inférieures*, les *lacs subalpins infé-*

---

que la raison de la progression arithmétique adoptée ne permet de faire distinguer ni, dans les continents, les grandes régions plates des parties plus ou moins saillantes, ni, dans les fonds de mer, les parties marginales peu profondes des grands fonds océaniques, et que, pour faire ressortir ce double contraste, capital au point de vue orographique, il a fallu admettre, tant au-dessous qu'au-dessus du niveau de l'Océan, une zone fractionnaire d'une hauteur égale au $\frac{1}{10}$ de cette raison (soit 185ᵐ,5), ce qui montre bien l'incompatibilité entre le principe de la progression arithmétique et celui de la variation du caractère du relief.

([59]) Ce classement a été produit d'abord par l'auteur du présent Mémoire dans

rieurs, les *plaines moyennes* ou les *bas plateaux* et les *basses terrasses* (la Brie, la Beauce);

Entre 200^m et 500^m, les *chutes des fleuves supérieures*, les *lacs subalpins supérieurs*, les *hauts sillons* (correspondant par exemple, au tunnel de Blézy), les *plaines hautes* (Limagne), les *plateaux moyens* (plateau de Langres), les *terrasses moyennes* (de la Champagne, de la Bourgogne et de la Lorraine), les *basses vallées des pays montagneux* (Saint-Gaudens, Forcalquier, le Grésivaudan), les *montagnes rasées* (Bretagne, Ardennes);

Entre 500^m et 1000^m, les *lacs intérieurs des régions montagneuses* (lacs des Alpes, des Vosges, du Jura), les *moyennes vallées* (vallée du Mont Dore), les *hautes terrasses* (la Côte-d'Or), les *hauts plateaux* (plateau de la chaine des Puys, plateau de Mysore), les *cols bas* (de Saissnitz), les *basses montagnes* (Eiffel, basses Vosges, Morvan, Limousin).

Entre 1000^m et 2000^m, les *hautes cascades* (les chutes de la Handek), les *très hauts plateaux* avec ou sans *lacs* et les *très hautes terrasses* (les Causses, l'Utah, le Gobi, le lac Ukéréwé), les *hautes vallées* (Chamounix, la Maurienne au tunnel de Fréjus, Briançon, extrémité du glacier du Rhône, Macugnaga, lac de Sils et haute Engadine, Cogne, Gavarni), les *cols moyens* (du Simplon, du Brenner), les *contreforts des grands massifs montagneux* et les *montagnes moyennes* (le Salève, le Leberon, le Righi, le mont Ventoux, le ballon d'Alsace, le Puy de Dôme, le Puy de Sancy du Mont Dore);

Entre 2000^m et 5000^m, les *plateaux supérieurs* (du Mexique, du Pérou, de la Bolivie), les *vallées supérieures* (lac de Titicaca, Thibet), les *cols élevés* (des Alpes, des Pyrénées, des Andes, de l'Himalaya), les *hautes montagnes* (le Buet, les Diablerets, le Yung-Frau, le mont Blanc, la Maladetta, les cimes du Taurus, du Liban, du petit Altaï);

---

son premier « Programme » (*Comptes rendus de l'Académie des Sciences* et *Bulletin de la Société de Géographie*, 1874).

Sa justesse semble confirmée par le fait qu'on le retrouve plus ou moins complètement dans l'indication sommaire des conditions orographiques sur diverses Cartes didactiques publiées ultérieurement, notamment par M. Levasseur (*M. Delagrave, éd.*).

Entre 5000ᵐ et 10000ᵐ, les *passes exceptionnelles* ou les *vallées exceptionnelles* de l'Himalaya, les *cimes exceptionnelles* (Ararat, Elbrouz, Popokatepetl, Chimborazo, Aconkagua, Tingrikhan, Tchamalari, Karakorum, Gaourishanga).

Des exemples de chacune des dix catégories ont pris place dans le cadre du Répertoire méthodique des situations géographiques (inséré p. 71).

La dernière colonne de ce Tableau indique un mode de tracé proposé pour le figuré du relief par courbes de niveau et déjà essayé avec succès. La ligne o serait en ponctué; des traits fins seraient employés au-dessous de 100 mètres, des traits un peu plus forts au-dessous de 1000 mètres, enfin des traits notablement plus forts au-dessous de 10000 mètres. Dans chacune des trois catégories, les traits seraient discontinus pour les cotes de dizaines, de centaines et de mille, dont les chiffres significatifs forment un nombre impair multiple de cinq, ils seraient continus pour les cotes de dizaines, de centaines et de mille, dont les chiffres significatifs forment un nombre pair, ils seraient discontinus avec points pour les cotes de dizaines, de centaines et de mille dont les chiffres significatifs forme un nombre multiple de cinq.

Il est à noter que beaucoup d'altitudes se groupent autour des chiffres donnés par les moyennes arithmétiques des limites susmentionnées, c'est-à-dire de 15, 35, 75, 150, 350, 750, 1500, 3500, 7500 mètres.

Pour les altitudes négatives ou sondes, les coupures données par la gradation décimale semblent correspondre à des changements de conditions également marqués dans la nature, quoiqu'on manque de terme pour les dénommer au delà des *soubassements des continents*, lesquels sont compris entre 0ᵐ et 200ᵐ.

V. — Calcul des nouvelles coordonnées. — Répertoire des situations géographiques. — Conclusions de la première partie.

27. La traduction des mesures duodécimales ou sexagésimales en mesures décimales ([60]) comporte l'emploi de Tables élémentaires donnant les produits, par les nombres 1 à 9, de la valeur de chaque unité : toise, pied, pouce, ligne; degré, minute, seconde (d'angle); heure, minute, seconde (de temps); et de chaque dizaine, centaine, etc., de ces unités. Avec de telles tables, on n'a qu'à transcrire au-dessous les uns des autres les produits élémentaires qui correspondent aux chiffres significatifs du nombre complexe à traduire et à faire leur addition.

Les Tables de produits pour la traduction des anciennes mesures linéaires françaises, de leurs carrés et de leurs cubes se trouvent dans divers Recueils et notamment dans l'*Annuaire du Bureau des Longitudes* ([61]), où l'on trouve aussi des Tables pour les traductions inverses ([62]).

Des Tables analogues sont à dresser pour la traduction des mesures linéaires anglaises ([63]) encore très employées même par les géographes de divers pays, où le système métrique

---

([60]) Pour traduire en grades un angle estimé en degrés, minutes et secondes, il faut d'abord réduire le nombre complexe en secondes (les trois premières colonnes des Tables des logarithmes des nombres de Callet donnent cette réduction), puis diviser le nombre total de secondes obtenu par 3240.

Pour traduire en chrones une durée estimée en heures, minutes, secondes il faut d'abord réduire le nombre complexe en secondes (à l'aide des trois premières colonnes des Tables de Callet comme pour les réductions ou secondes d'angle), puis diviser le nombre total de secondes obtenu par 2160.

([61]) Toise $= 1^m,949036591 2$; pied $= 0^m,32484$; pouce $= 0^m 02707$; ligne $= 0^m,002256$. Toise carrée $= 3^{mq},79874 36338$; pied carré $= 0^{mq},1055$. Toise cube $= 7^{mc},40389 0343o$.

([62]) Mètre $= 0^T,513074$ (rapport fondamental adopté comme base du Système métrique) $= 0^T 3^{pi} 0^{po} 11^{li},296$; décimètre $= 0^{pi} 3^{po} 8^{li},330$; centimètre $= 0^{pi} 0^{po} 4^{li},433$; millimètre $= 0^{li},443$. Mètre carré $= 0^{Tq},263244929476$; mètre cube $= 0^{Tc},135064128946$.

([63]) Statut Mile (1760 yards) $= 1609^m,3149$; Fathom (2 yards) $= 1^m,8287669 6$; Impérial Standard Yard $= 0^m,91438358$; Foot (pied $\frac{1}{3}$ du yard) $= 0^m,30479449$; inch (pouce $\frac{1}{36}$ du yard) $= 0^m,02539954$.

décimal est pourtant adopté, et seulement sans doute faute de moyens expéditifs de traduction.

Des Tables sont surtout à dresser et à publier pour la traduction en grades des valeurs d'angles estimées en degrés, minutes et secondes ([64]) et pour la traduction en temps sidéral décimal des valeurs de durée données en heures, minutes et secondes de temps solaire moyen ([65]).

Des Tables pour les traductions inverses des mesures d'angles et de temps seront aussi fort utiles pour faciliter la comparaison des résultats de l'emploi direct des divisions décimales avec les résultats, non encore traduits, de l'usage des anciens modes duodécimaux ([66]).

L'usage de telles Tables épargne le travail de multiplication, mais laisse subsister celui de transcription des produits élémentaires avec toutes ses chances d'erreurs.

Autant pour remédier à ce dernier inconvénient que pour accélérer l'opération, on peut établir une règle à coulisses recouvertes, contenant autant de bandes mobiles qu'il peut entrer d'unités différentes et de dizaines, centaines, etc., de ces unités dans les parties aliquotes des genres d'évaluation qu'on a à traduire, diviser chaque bande en dix segments égaux où l'on inscrit, à côté de chaque multiplicateur possible, de 0 à 9, le produit effectué.

En faisant glisser les diverses bandes, de manière à échelonner au-dessous les unes des autres, dans une fenêtre spéciale, tous les chiffres dont se compose le nombre complexe, qui est alors reproduit ainsi obliquement, toutes les valeurs des produits partiels en décimales se trouvent amenées du même coup en correspondance verticale, de manière qu'on n'a plus qu'à les additionner.

Lorsqu'une partie aliquote n'est que le douzième de la partie supérieure, on peut économiser pour elle la bande

---

([64]) $1^{\circ} = 1^{G},11111\ldots$; $1' = 0^{G},0185185\ldots$; $1'' = 0^{G},0003086419753[086419753]\ldots$

([65]) $1^{h} = 1^{Chr},66666\ldots$; $1^{m} = 0^{Chr},02777777\ldots$; $1^{s} = 0^{Chr},000462962\,9[629]\ldots$

([66]) M. d'Abbadie a déjà dressé pour la traduction inverse des mesures d'angles une Table qui sera bientôt publiée.

des dizaines et ne lui consacrer qu'une bande allongée de deux segments pour les multiplicateurs de o à 11.

Mais, déjà pour dix segments, la règle à coulisse est fragile et de maniement peu commode; aussi a-t-on cherché un autre mécanisme.

Au lieu d'inscrire les produits partiels sur des bandes successives, on peut les placer dans des facettes taillées sur les tranches de disques qui constituent un cylindre, ou mieux, un cône, et qui sont rattachés, par des tiges tubulaires emboitées en lorgnette, à des molettes à rochet superposées en ordre inverse, au moyen desquelles on les fait tourner. Par des rotations successives, on amène devant une fenêtre ménagée dans le cylindre ou le cône qui enveloppe les disques, à gauche, les chiffres du nombre complexe à traduire, qui s'y lit alors obliquement, à droite, les valeurs décimales de chacun de ses éléments : l'encliquetage du rochet doit être assez précis pour que toutes les unités décimales de même rang se correspondent exactement, et que, par suite, l'addition qui donne la traduction se fasse sans hésitation ([67]).

Exp. — Un tel instrument disposé pour la traduction des altitudes exprimées en mesures anglaises a figuré, sous le titre d'*aide-calculateur*, au Congrès de Géographie en 1875, puis à l'Exposition universelle de 1878, et fait partie de la série d'instruments conservée à l'École des Mines ([68]).

Jusqu'à ce que l'usage de la division du quadrant en 100 grades ait remplacé la division en 90 degrés, il sera utile d'avoir des Rapporteurs de transition offrant comparativement les deux graduations ([69]).

([67]) Pour toutes les traductions courantes intéressant la géographie, on n'aurait à construire qu'un seul modèle ou mécanisme, à 12 disques, sur lequel s'appliqueraient facilement les diverses séries de nombres relatives soit aux altitudes, soit aux latitudes et aux longitudes, soit aux temps. Sept disques suffisent pour la traduction des altitudes données en pieds, pouces, lignes, sans fractions de ligne; c'est-à-dire avec une approximation dépassant en général de beaucoup celle que comportent les tracés et les spéculations orographiques.

([68]) Le mécanisme, comprenant 7 disques à 12 troncatures, a été construit par Dumoulin-Froment. Le pied de l'instrument porte une instruction sur la manière de s'en servir, qui, du reste, peut se comprendre à première vue.

([69]) Une planche gravée qui accompagne l'Octoplanisphère susmentionné (p. 6)

Exp. — Un Tableau à cercles concentriques donne la comparaison des rapporteurs complets sexagésimaux ou décimaux.

En vue de l'adoption possible de la division quadragésimale du jour pour les usages vulgaires, on y a figuré comparativement des cadrans duodécimaux et décimaux des horloges dans lesquelles le tour du cadran correspondrait au jour (comme dans les horloges astronomiques), au demi-jour (comme dans les horloges vulgaires), et au quart de jour (comme dans les horloges décimales de temps sidéral projetées pour les usages scientifiques et techniques). Les numéros des heures et des chrones sont placés méthodiquement sur les limbes simples, doubles ou quadruples et sur les quatre pièces. Les portées (à l'équinoxe) des divisions contrastantes du jour et de la nuit, du matin et du soir, sont marquées par les six couleurs du spectre de la manière suivante :

NUIT, *violet*.	MATIN	après minuit, *bleu*; ←	avant minuit, *rouge*	SOIR;
JOUR, *jaune*.		avant midi, *vert*; →	après midi, *orange*	

abstraction faite de ces indications, qui n'ont plus de sens lorsqu'on considère seulement le temps sidéral, ce Tableau, par son numérotage seul, peut encore servir pour l'estimation à vue des rapports des temps sidéraux, comptés en jours de vingt-quatre heures et en sidéries de dix chrones chacune.

Il pourra aussi convenir de mettre les deux graduations en regard dans les boussoles, en faisant porter à l'aiguille aimantée un limbe gradué décimalement, pendant que le limbe fixe conserve la graduation sexagésimale.

Pour la construction d'une boussole de ce genre, on a profité du dispositif des rondelles flottant dans un liquide, employé pour les compas de marine.

Exp. — La *Boussole transitoire* qui a été présentée au Congrès de Géographie de 1875, a figuré à l'Exposition universelle de 1878 et est conservée aujourd'hui à l'École des Mines, offre une rondelle de mica argenté fixée sur l'aiguille aimantée et qui porte la division en 400 grades, procédant du Nord au Sud par l'Est, de manière que la ligne de foi 0-180° du limbe fixe y marque directement l'*orientement*, c'est-à-dire l'angle d'orientation de la ligne visée compté dans ce même sens, qui est celui du mouvement des aiguilles d'une montre. Sur le limbe fixe, la division en 360° procède en sens inverse, de manière que la ligne de foi Nord-Sud de la rondelle y marque aussi directement l'orientement. On a profité du vide annulaire qui règne au-dessous des limbes

---

présente un *Rapporteur de transition*, disposé pour l'étude des alignements géographiques et géologiques. La division décimale est tracée sur un demi-cercle de $0^m,0637$ de rayon, représentant un grand cercle du globe réduit au 100000000^e et où le grade a une longueur de 1^{mm}. La division sexagésimale est sur un demi-cercle concentrique de rayon double.

fixes pour y faire osciller le poids d'un petit pendule qui est disposé à l'envers de la boîte pour mesurer les inclinaisons et qui n'a pas l'inconvénient d'être gêné par l'électrisation, comme les trop légers pendules des boussoles de poche ordinaires. La suspension dans le liquide de la rondelle à laquelle adhère l'aiguille aimantée dispense de soulager la chape et de la fixer par un mécanisme pendant les transports. Le frottement de liquide supprime d'ailleurs toutes les oscillations qui retardent l'observation. La glace est légèrement concave à l'intérieur, de manière que l'horizontalité du limbe est marquée par la venue au centre d'une bulle d'air dont la conservation est d'ailleurs nécessaire pour que la dilatation du liquide ne le fasse pas suinter par la sertissure (70).

28. Les Tables de logarithmes pour les lignes trigonométriques relatives à la division du quadrant en 100 grades ne manquent pas, mais ne donnent pas des approximations suffisantes ou restent encore manuscrites. Mais on disposera bientôt, en fait de tables logarithmiques, de toutes les ressources nécessaires pour l'usage courant (71).

29. Avec des aides calculateurs du genre de celui qui vient

---

(70) Cette boussole construite il y a dix ans par M. Dumoulin-Froment a été emportée chaque année en course géologique. Elle a bien résisté et il n'a fallu y renouveler le liquide qu'une fois. Les limbes argentés sont seulement un peu brunis. Mais la monture dans ce premier essai est trop lourde et d'une forme encore imparfaite. Nul doute que dans une fabrication courante on arriverait à rendre l'instrument tout à fait pratique. Le cercle de sertissure ayant $0^{m},0637$ de diamètre pourrait être moleté à 400 côtes d'un demi-millimètre chacune, de manière à donner par roulement une échelle métrique.

(71) D'après une Note communiquée par M. Dallet les tables que l'on possède déjà pour les lignes trigonométriques décimales sont les suivantes :

D'abord les « Tables de logarithmes portatives » de Callet publiées en 1795 à Paris, qui offrent pour les 100 grades les logarithmes à 7 décimales des sinus, des cosinus et des tangentes de minute en minute, c'est-à-dire de dix-millième en dix-millième, espacement trop grand pour que le calcul des différences donne facilement de bons résultats;

Ensuite, *Neue trigonometrische Tafeln für Decimal-Eintheilung der Quadranten berechnen*, de Hobert et Ideler, publiées en 1799 à Berlin, qui offrent aussi les logarithmes à 7 décimales des sinus et des tangentes de minute en minute centésimale ;

Puis les « Tables trigonométriques décimales » de Borda dont le manuscrit était achevé dès 1792, mais dont l'impression, ajournée sans doute d'abord par la crise de la Révolution, fut terminée par Delambre (Paris, an IX, 1801). Elles donnent les logarithmes à 7 décimales des nombres et de toutes les lignes trigonométriques avec additions de rapports pour le calcul des logarithmes des lignes des petits angles. Ce sont les meilleures Tables décimales en usage.

On a enfin les « Tables cadastrales » de Prony, *manuscrites*, dont l'Observatoire possède *un exemplaire*. Ces Tables donnent avec 14 décimales les logarithmes des nombres et des fonctions circulaires et contiennent de plus les logarithmes des

d'être décrit, à défaut de procédés de traduction encore plus expéditifs, la transformation de toutes les Tables de données numériques et de toutes les éphémérides nécessaires pour les travaux astronomiques ou géographiques et pour la navigation est en somme une affaire de peu de temps et de peu de dépense. L'addition transitoire des canevas décimaux sur les cartes ne présente, on l'a déjà indiqué, aucune difficulté. D'après les perfectionnements des procédés de grande fabrication déjà réalisés, tant en Suisse qu'en Amérique, on peut affirmer que le prix de chronomètres décimaux uniformes descendrait rapidement bien au-dessous du prix actuel des chronomètres duodécimaux. La réfection des limbes gradués pour la mesure des angles serait encore un travail considérable et délicat, surtout pour les instruments d'observatoires, mais la reconstitution des instruments aurait le grand avantage de donner une vive impulsion au perfectionnement des procédés de division précise, un peu trop stationnaires.

La réforme est donc à tous égards possible et opportune.

30. L'un de ses résultats d'utilité courante serait l'établissement de Répertoires des situations géographiques, qui ne sont à vrai dire qu'ébauchés dans la *Connaissance des Temps* et les documents analogues, puisque, établis principalement au point de vue des besoins de l'Astronomie et de la Navigation, ces derniers documents ne signalent les altitudes qu'accidentellement.

Dans le cadre inséré ci-joint ([72]), on a cherché à réaliser une disposition méthodique qui satisfasse au double besoin

---

rapports des arcs des sinus et des tangentes aux arcs pour les cinq premiers grades.

Pour les autres grades, l'écart entre deux logarithmes est donné avec cinq ordres de différences.

Quelques Tables à cinq décimales ont été publiées; de nouvelles, dues à M. Sanguet, sont en cours de publication (*M. Gauthier-Villars, éd.*).

On attend maintenant très prochainement la publication de Tables à 8 décimales dont la minute aujourd'hui achevée est due au Colonel Perrier.

Voir les études sur les logarithmes de M. Hoüel, de M. Radau, et le *Report of the comittee on mathematical Tables* de M. Glaisher, dans le *Report of the British Association for the advancement of the Science* (43e meeting, 1873; Londres, 1874).

([72]) Dont la première esquisse a été employée dans l'essai d'un « Répertoire d'altitudes comparées » (présenté à l'Académie des Sciences en 1861).

PLANCHE (S) EN .2.
PRISES DE VUE

Cadre du répertoire méthodique des situations géographiques avec exemple de consignation pour chacune des dix catégories du C[...]

Les coordonnées inscrites en première ligne et en chiffres droits sont : les longitudes duodécimales, L, comptées en degrés minutes et secondes à l'Est et à l'Ouest de 0° à 180° à partir du méridien initial de Paris ; Les latitudes duodécimales, l, comptées en degrés, minutes et seco[...]
Les coordonnées inscrites en seconde ligne et en chiffres penchés sont : les longitudes décimales, L, comptées en grades et décimales continûment de 0° à 400°, par l'Ouest à partir du méridien initial de St Michel pris à 31°,[...] du méridien de Paris ; les latitudes décimales, λ, comptées en grades et décimales [...]

Répertoire des Situations géographiques de . (telle partie du monde) Page — Répertoire des Situations géographiques de Page — Répertoire des Situations géographiques de

Numéro d'ordre de la ligne.	a Circonscription géographique : Région, Contrée, Pays, Bassin, Chaîne etc. (État, circonscription, politique, administrative etc)	b Niveaux d'eau. Mers, Lacs, Fleuves, Rivières, Sources, marais, crues, limites des neiges, (canaux) — Désignation du point.	Longitude	Latitude	Altitude	c Cavités en plaine. Lits des Fleuves, Sillons d'érosion ou de fracture, Vallons (forages, puits de mine, tranchées.) — Désignation du point.	Longitude	Latitude	Altitude	d Méplats. Fonds de Mer, Plaines, Plateaux, Terrasses. (ponts, terrassements). — Désignation du point.	Longitude	Latitude	Altitude	e Cavités en montagne. Fonds de Lacs, Lits des Torrents, Vallées, Col[s] (Galeries de mines, tunnels) — Désignation du point.	Longitude	Latitude
1	Entre 6.000 et 10.000 mètres.	Lacs glacés												Passes exceptionnelles		
3	Ex. : Inde. Népaul. Himalaya.															
5	Entre 2.000 et 5.000 mètres.									Plateaux supérieurs				Cols des crêtes Vallées supérieures		
7	Ex. : Equateur. Andes.									Quito	81°5'30" O 58^G,40 085	0°14'0" S 100^G,25 926	2910^m			
9	Entre 1.000 et 2.000 mètres.	Hautes cascades								Très hauts plateaux				Cols moyens Hautes vallées		
11	Ex. : France. Auvergne. Les Puys.															
13	Entre 500 et 1.000 mètres.									Hauts plateaux				Cols bas Moyennes vallées		
15	Ex. : France. Dauphiné. Alpes cottiennes.													Gap (Sol de la Cathédrale)	3°44'31" E 360^G,84 225	44°33'30" N 50^G,49 074
17	Entre 200 et 500 mètres.	Lacs subalpins Chutes de fleuves supérieures				Hauts sillons				Plateaux moyens - Terrasses moyennes Plaines hautes						
19	Ex. : France. Terrasses de la Bourgogne.									Langres (Sol de la Cathédrale)	2°59'55" E 360^G,96 321	47°51'53" N 46^G,81 698	475^m			
21	Entre 100 et 200 mètres.	Chutes de fleuves inférieures				Sillons moyens				Bas plateaux - Basses terrasses. Plaines moyennes.						
23	Ex. : Russie. Plaines centrales.									Moscou (Observatoire)	35°14'41" E 329^G,16 [illegible]	55°45'19" N 38^G,04 969	142^m			
25	Entre 50 et 100 mètres.									Premiers gradins autour des plaines basses ou des sillons épanouis						
27	Ex. : France. Bassin de Paris.									Paris (Terrasse de l'Observatoire)	0° 0' 0" 368^G,70 000	48°50'11" N 45^G,73 735	69^m			
29	Entre 20 et 50 mètres.					Sillons épanouis				Plaines basses						
31	Ex. : Chine. Plaines du Petchéli.									Pékin (Observatoire)	114°8'36" E 241^G,17 693	39°54'13" N 55^G,66 578	37^m			
33	Entre 10 et 20 mètres.					Bas sillons en amont des Estuaires				Sommets des Deltas Plaines littorales						
35	Ex. : Basse Egypte. Vallée du Nil.					Le Caire (point non inondé par le Nil)	28°56'16" E 336^G,110 85	30°3'12" N 66^G,60 437	18^m							
37	Entre 0 (1, 2, 5) et 10 mètres.	Lagunes intérieures Limites du jeu des marées				Sillons à la limite de l'influence des marées Rives des Estuaires				Atterrissements Plages - Grèves						
39	Ex. : Australie sud.	Lac Eyre (milieu)	134°59'20" E 218^G,30 482	28°30'0" S 131^G,66 667	3 1^m											

(1) On a poussé les évaluations décimales jusqu'à la 5e figure fractionnaire parce que, en latitude, 0^G,00 001 = 1^m, non rigoureusement, puisque, outre que le grade varie avec la latitude, il résulte des dernières mesures géodésiques des méridiens que la longueur du 0,00 000 01 du quadrant, soit du 0,00 001 du g[rade] [...] une épaisseur de 0^m,0001 et que, suite le mètre, lui-même, étant déjà presque négligeable sous les plans de coupes topographiques à l'échelle de 0,00 01. — On voit d'ailleurs que 0,00 001 étant égal à 0",03, les évaluations d'angles à 5 figures de décimales accusent, en longitude comme en latitu[de] [...]

Classement des altitudes positives par gradation décimale.

...ur chacune des dix catégories du

...ndes duodécimales l, comptées en degrés, minutes et secondes au nord et au sud de 0° à 180° à partir de l'équateur ; ...tudes décimales, λ, comptées en grades et décimales (1) continûment du pôle nord 0° à l'équateur 100° et au pôle sud 200° ; les altitudes positives, a, comptées à partir du niveau moyen de l'Océan. Les altitudes positives a comptées en pieds de Paris, pp, ou en pieds anglais p.a. à partir du niveau de la mer la plus voisine.

Répertoire des Situations géographiques de ... Page ... | Répertoire des Situations géographiques de ... Page ... | Rép. des Sit. géog. de ... Page ...

ō Observations astronomiques ; Δ Triangulation géodésique ; ∨ Levé hydrographique ; A Levé topographique ; + Détermination graphique sur les cartes ; × Déterm. expéditive et estimation par tâtonnement de précision ; b. Niv. barométrique ; C.T. Connaissance des Temps ; N.A. Nautical almanach ; AB Annuaire du Bureau des Longitudes ; EM Carte de l'État-major ; F. Nivellement de la France ; G. Document de l'Office de Gotha ;

a. Cavités en montagne. Fonds de Lacs, Lits des Torrents, Vallées, Cols. (Galeries de mines, tunnels)				f. Sommités. Écueils, Collines, Monts, Crêtes, Pics, (Édifices.)				g. Représentation graphique des altitudes.	h. Nature et origine des déterminations consignées dans les colonnes (voir ci-dessus l'explication des abréviations.)					Numéros d'ordre de la ligne
Désignation du point	Longitude	Latitude	Altitude	Désignation du point.	Longitude	Latitude	Altitude	De −10000 à 0 Échelle de 0,00 00,1 · De −5000 à 0 Échelle de 0,00 000 5 · De −2000 à 0 Échelle de 0,00 001 · De 0 à +2000 Échelle de 0,00 001 · De 0 à +5000 Échelle de 0,00 000 5 · De 0 à +100000 Échelle de 0,00 000 1	a. eau	c. cavités p.	d. méplats	e. crêtes	f. sommités	
Basses exceptionnelles				Cimes exceptionnelles										
				Gaurishanka	86°33′55″ E / 96°,32 005	27°59′17″ N / 68°,90 210	29002 / 8839						Δ GT	2
														4
Cols des crêtes / Vallées supérieures				Hautes montagnes										6
											⊙ GT			8
Cols moyens / Hautes vallées				Montagnes moyennes										10
				Puy-de-Dôme	0°37′40″ E / 50°,02 519	45°46′22″ N / 49°,14 136	1465						ΔEM. AB	12
Cols bas / Moyennes vallées				Basses montagnes										14
Gap (Sol de la Cathédrale)	3°44′31″ E / 364°,84 223	44°33′30″ N / 50°,49 170	735									ΔEM. AB		16
														18
											ΔEM. AB			20
											⊙ GT			22
														24
											⊙ GT			26
														28
											⊙ GT			30
														32
														34
										⊙				36
														38
									+ 0					40

Tracé conventionnel d'un système de lignes de niveau espacées de 10 en 10 mètres distinguant les cotes classées d'après la gradation décimale.

Traits forts. — Traits moyens. — Traits fins.

Pour la cote 0

Pour les cotes de dizaines dont le nombre est impair non multiple de 5 : 10, 30, 70, 90, 110, 130, 170, 190 ___ 9890, 9910, 9930, 9970, 9990.

Pour les cotes de dizaines dont le nombre est pair : 20, 40, 60, 80, 120, 140, 160, 180 ___ 9880, 9920, 9940, 9960, 9980.

Pour les cotes de dizaines dont le nombre est multiple de 5 : 50, 150, 250 ___ 9850, 9950.

Pour les cotes de centaines dont le nombre est impair non multiple de 5 : 100, 300, 700, 900, ___ 9700, 9900.

Pour les cotes de centaines dont le nombre est pair : 200, 400, 600, 800 ___ 9600, 9800.

Pour les cotes de centaines dont le nombre est multiple de 5 : 500, 1500 ___ 9500.

Pour les cotes de mille : 1000, 3000 ___ 7000, 9000.

Pour les cotes de mille 2000, 4000, 6000, 8000

Pour la cote 5000

(1) ... de 0,00 000 1 du quadrant, soit de 0,00 001 du grade moyen, dépasse celle du mètre étalon de près de 1 ou même de 2 dixmillièmes, mais avec une exactitude bien suffisante pour rapporter pratiquement les détails topographiques au canevas géodésique le ... de crayon ayant ... décimales acquises, en longitude comme en latitude, un degré d'approximation très voisin de celui qu'autorise à accuser, au point de vue de la justesse des calculs, l'emploi des tables logarithmiques usuelles à 7 figures du système duodécimal.

Programme raisonné d'un système de Géographie fondé sur l'usage des mesures décimales, d'un méridien 0 grade international etc. ___ par Mr B. de Chancourtois 1881.

de faciliter tous les genres de rapprochement entre les signalements des points de chacune de ces régions naturelles définies en général très nettement par les *noms de pays*, en faisant cependant ressortir les caractères différents des points d'un même pays.

Exp. — Une première colonne du « Répertoire des situations géographiques » est réservée aux désignations des circonscriptions distinguées. Dans les colonnes suivantes viennent prendre place, à côté de la désignation du point considéré, les coordonnées : longitude, latitude et altitude, à chiffrer d'abord sur deux lignes, en anciennes mesures et en mesures décimales, jusqu'au moment ou ces dernières seront universellement employées, et il convient de rappeler ici qu'alors, les chiffres étant les mêmes pour les longitudes en temps et en angle (*voir* la note 28, p. 30), on n'aura plus besoin de deux colonnes jumelles, comme dans les répertoires actuels. Les colonnes qui reçoivent les signalements sont au nombre de six, afin de pouvoir y classer séparément les catégories de points distingués au point de vue de leur rôle caractéristique dans le relief, savoir : *niveaux d'eau, cavités en plaine, méplats, cavités en montagne, sommités.*

Dans les colonnes suivantes, les altitudes sont représentées graphiquement (à trois échelles différentes : de 0,0001, pour les altitudes de 0 à 2000^m, de 0,00005 pour les altitudes de 0 à 5000^m, de 0,00002 pour les altitudes de 0 à 10000^m), de manière à faire apprécier à première vue le caractère orographique de la région et reconnaître aussi d'un coup d'œil les points de différentes régions qui sont au même niveau.

Dans la dernière colonne, dont chaque subdivision correspond à une des colonnes principales, sont indiquées par des signes conventionnels et des abréviations la nature et l'origine des déterminations.

Les largeurs des colonnes sont combinées de telle sorte que le Tableau allongé se trouve, par des plis de sens alternatifs ménageant toujours des pages de colonnes entières, ramené au format grand in-octavo, de manière à permettre une reliure portative.

Comme on a profité de ce spécimen de cadre pour présenter des exemples des dix catégories d'altitudes dans lesquelles se classent les accidents de relief, les dénominations générales des accidents y occupent deux lignes au-dessus de celle sur laquelle prend place le signalement spécimen, mais dans le répertoire général ne doivent figurer que des signalements qui, lorsqu'ils se rapporteront à des points de caractère orographique différents, appartenant à une même circonscription, se suivront sur la ligne de cette circonscription ([73]).

Les signalements des points appartenant aux limites de deux circonscriptions naturelles contiguës seront nécessairement reproduites au sujet des deux pays. Ils pourront même l'être une troisième fois, si l'on juge utile, pour les rappro-

([73]) On a montré que cela était avantageux en appliquant la méthode avec assez de détails pour la France et plus sommairement pour le reste de l'Europe et pour l'Afrique dans les douze tableaux autographiés produits avec le cadre en 1861.

chements à faire, de grouper les données relatives à une région naturelle, à cheval sur une limite usuelle, par exemple les données d'une chaîne de montagne, avec ses deux abords, ou d'une vallée de grand fleuve avec ses deux versants. En tout cas, un *index alphabétique* renvoyant aux numéros des pages et des 40 lignes de chaque page fera retrouver le signalement ou les signalements de chaque point.

Les coordonnées des points spécimens ont été bien entendu chiffrées conformément aux conditions du présent programme. On a poussé les évaluations décimales des longitudes ou des latitudes, jusqu'à la cinquième figure fractionnaire parce que, en latitude, elle correspond au mètre ([74]).

31. On tend maintenant à tomber d'accord pour noter les coordonnées géographiques par des lettres simples de la manière suivante :

Longitude L; latitude l; colatitude λ; altitude H.

Mais ces notations ne sont pas sans prêter à des confusions, surtout lorsqu'on doit faire figurer concurremment dans les textes ou dans les formules l'abréviation du terme *logarithme*.

Il conviendrait de profiter de la réforme décimale pour instituer des signes conventionnels spéciaux, qui, appliqués d'ailleurs exclusivement aux coordonnées du nouveau système, les feraient, sans commentaire, distinguer des coordonnées de l'ancien.

On pourrait, par exemple, prendre des signes tels que les suivants, proposés avec deux formes, l'une pour la typographie, l'autre pour l'écriture.

Longitude  ; *latitude* 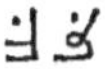 ; *colatitude* 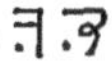 ; *altitude*  ;

32. Le présent mémoire ayant pris un assez grand développement par l'introduction de beaucoup d'observations sur des

([74]) Non rigoureusement (puisque, outre que la longueur du grade varie avec la latitude, il résulte des dernières mesures géodésiques du méridien que la longueur du 0,0000001 du quadrant ou du 0,0001 du grade moyen dépasse celle du mètre étalon de près de 2 dixièmes de millimètre), mais avec une exactitude bien suffisante pour rapporter graphiquement des détails topographiques au canevas géodésique le trait de crayon ayant une épaisseur de $0^{m},0001$ et par suite le mètre lui-même étant déjà presque négligeable dans les plans et les cartes topographiques à l'échelle de 0,0001. On voit d'ailleurs que $0^{G},00001$ étant égal à $0'',03$ des évaluations d'angles à 5 figures de décimales accusent, en longitude comme en latitude, un degré d'approximation très voisin de celui qu'autorise à accuser, au point de vue de la justesse des calculs, l'emploi des Tables logarithmiques usuelles à 7 figures du système sexagésimal

questions secondaires ou accessoires dont la solution ne peut évidemment être espérée que dans un avenir plus ou moins éloigné, si tant est qu'elles puissent jamais rentrer dans le cadre des mesures d'unification internationale, il convient de faire ressortir, en terminant cette première partie, les conclusions relatives aux questions principales, dont les solutions, au contraire pleinement opportunes, semblent devoir être poursuivies immédiatement avec la plus grande énergie, si l'on ne veut pas laisser creuser démesurément les ornières résultant des anciennes conventions.

Ces conclusions sont les suivantes :

1° Adoption pour l'*Astronomie* comme pour la *Navigation*, la *Géographie* et en général pour *les usages techniques et scientifiques, de la mesure décimale de l'espace angulaire basée sur la division centésimale du quadrant*, telle qu'elle a été conçue pour l'établissement du Système métrique décimal, avec la condition de faire *procéder la graduation des longitudes de* 0 *à* 400 *grades, c'est-à-dire continûment, de l'Est à l'Ouest*, c'est-à-dire dans le sens du mouvement apparent de la sphère céleste.

2° Institution, pour les mêmes usages, d'une *mesure décimale du temps sidéral, correspondant exactement à la mesure décimale de l'espace angulaire, et dont l'unité fondamentale serait par conséquent le quart de la durée du jour sidéral*, c'est-à-dire d'une révolution apparente de la sphère céleste ou d'une rotation réelle et complète du globe, d'où il résulterait qu'il n'y aurait plus pour la longitude en temps comme en angle qu'une seule et même expression numérique.

3° Admission du principe d'un *méridien initial ou* 0 *grade international* dont l'emploi réaliserait l'uniformité de la graduation des longitudes et sur lequel, non seulement on compterait une *mesure décimale prototypique du temps sidéral* propre à constituer une *échelle chronologique absolue*, mais on remplirait aussi la condition nécessaire pour *régulariser directement l'application du calendrier des jours solaires*, ce qui implique l'obligation de choisir pour le double office un méridien à trajet aussi maritime que possible dans l'Atlantique ou dans le Pacifique.

4° Choix, pour le *Méridien* o *grade international* de l'ancien *méridien initial de Ptolémée et de Mercator*, restauré à $31^{G},7 = 28^{\circ}31'48''$ (exactement) à l'Ouest du méridien de Paris, pour séparer de la manière la plus heureuse les deux hémisphères d'une mappemonde, et qui, passant dans l'Atlantique au milieu du groupe des Açores près de la pointe occidentale de l'île Saint-Michel, pourrait prendre le nom de cette île.

5° Création de signes spéciaux pour les nouvelles coordonnées géographiques décimales.

www.ingramcontent.com/pod-product-compliance
Lightning Source LLC
Chambersburg PA
CBHW060143100426
42744CB00007B/882
* 9 7 8 2 0 1 3 4 6 9 1 1 1 *